Geronimo

Häuptling der Chiricahua-Apachen

Ernie Hearting

Geronimo

Häuptling der Chiricahua-Apachen

Sein Leben
nach historischen Quellen

Mit 16 Kunstdrucktafeln

Weltbild Verlag

Genehmigte Lizenzausgabe für
Weltbild Verlag GmbH, Augsburg 1990

Gesamtherstellung: Wiener Verlag, Himberg bei Wien
Printed in Austria
ISBN 3-89350-331-5

INHALTSVERZEICHNIS

Vorwort

Am Anfang dieses Buches steht der Name Geronimo. Dieser letzte große Krieger des Apachenvolkes verdient es wohl, den jungen und junggebliebenen Lesern geschildert zu werden. Aber Geronimo war nur *einer* der bedeutenden und gefürchteten Führer, die der kriegerische Stamm der Apachen im Kampfe gegen Nordamerikaner und Mexikaner aufzuweisen hat. Vor ihm haben sich schon die Häuptlinge San Juan, Mangas Coloradas, Cochise und Victorio durch ihre Taten für immer in das Buch der Geschichte eingetragen. Sie alle und noch eine Reihe anderer, die sämtliche im letzten Jahrhundert in den unermeßlich weiten Gebieten des nordamerikanischen Südwestens und des nördlichen Mexikos gekämpft und gestritten haben, werden im vorliegenden Bande erwähnt.

Man hat die Apachen oft als die grausamsten und blutdurstigsten unter den Stämmen der nordamerikanischen Indianer bezeichnet. Das mochte in vielem zutreffen. Um der Wahrheit willen muß aber auch festgehalten werden, daß namentlich die Apachen von den Weißen mit einer Brutalität sondergleichen behandelt wurden. — Die Geschichte der beiden Unionsstaaten Arizona und New Mexico ist in ihren letzten Abschnitten, soweit es sich um die Indianer handelte, im wahrsten Sinne des Wortes mit Blut geschrieben worden. Hüben und drüben wurden unvorstellbare Greuel begangen. Diese Zeiten liegen erst einige wenige Jahrzehnte zurück. Es liegt mir fern, in diesem Buche den Vorhang zu lüften und an Schrecklichem wieder auszugraben, was zu einem großen Teil bereits dem Vergessen anheimgefallen ist. Hingegen sollen die nachfolgenden Kapitel den Indianerfreunden jeden Alters zeigen, wie sehr Geronimo und seine Brüder die Freiheit liebten und daß es weißer Habsucht vorbehalten blieb, diese Freiheitsliebe in lodernden Haß umzuwandeln.

Was den Apachen widerfahren ist, haben vor und mit ihnen alle Indianerstämme Nordamerikas erdulden müssen. Dieses Buch will, wie die früher erschienenen, dem roten Manne Gerechtigkeit angedeihen lassen, soweit das überhaupt möglich ist.

Der Verfasser.

Die Apachen

In grauer Vorzeit, jedenfalls lange, bevor Christoph Columbus die „Neue Welt" entdeckte, zog ein mächtiger Zweig des heute noch in Alaska beheimateten athapaskischen Volkes nach Süden. Welchem Rufe sie gehorchten, als sie ihre Heimstätten verbrannten, um jagend und kämpfend in fremdes Gebiet und in von unbekannten Völkern bewohnte Länder vorzudringen, ist heute noch nicht abgeklärt.

Sie durchquerten den riesigen nordamerikanischen Kontinent von Norden nach Süden und beschlossen ihre Wanderung in jenen sonnendurchglühten und unermeßlich weiten Gefilden, in die sich heute die Staaten Arizona und New Mexico und die mexikanischen Provinzen Sonora und Chihuahua teilen.

In Alaska führten die Athapasken, auch Tinnés genannt, ein Nomadenleben. Sie hatten keine festen Wohnsitze und jagten den Elch, das Renntier und den Moschusochsen. Am Ziel ihrer Reise angekommen, waren sie keineswegs gesonnen, ihre bisherige Lebensweise aufzugeben. Sie blieben weiterhin die unruhigen Nomaden. Anstelle von Renntier und Moschusochsen jagten sie den Büffel, den Hirsch und die Antilope. Das Zelt und die kuppelförmige Grashütte waren ihre Wohnungen. Sie kleideten sich mit den Fellen und dem Leder ihrer Jagdbeute.

Und noch eines: Diese Athapasken waren furchtbare, gnadenlose Krieger. Die im Süden lebenden Völker, nach der Art ihrer aus Stein und Lehm gebauten „Städte" mit dem spanischen Namen „Pueblo" bedacht, lernten recht bald diese ungebetenen Eindringlinge aus dem hohen Norden hassen und fürchten. „Apachu" flüsterten die Puebloindianer schreckerfüllt, wenn von den mageren, sehnigen Fremdlingen die Rede war; „apachu!" „Feind!" gellte der entsetzte Warnungsruf über die würfelförmigen Adobehäuser[1], sobald von irgendwo Gefahr drohte. In fliegender Hast wurden die Leitern, die einzigen Zugänge zu den fensterlosen Gebäuden, eingezogen. Angstbebend verbargen sich Frauen und Kinder hinter den dicken Mauern. Die Männer hingegen lagen, mit Pfeilen, Bogen und Speeren bewaffnet, auf den flachen Dächern und spähten in die flimmernde Sonnenglut. Wo war der „apachu"? War er im nahen Canyon verborgen? Lag er in einem der zahlreichen „arroyos"[2] auf der Lauer oder schlich er schlangengleich durch das Mesquitegebüsch?

Mißlang der Ueberfall, begnügte sich der „apachu" zumeist mit der Verwüstung der Maisfelder und mit dem Verunreinigen der Wasserlöcher und Quellen. Dann

---

[1] Adobe – luftgetrocknete Ziegel.

[2] Arroyo – ausgetrockneter Flußlauf.

verschwand er wieder, wie er gekommen. Lautlos, unheimlich. Oft genug aber vergaßen die Zuni, die Hopi und Moqui[1] im ersten Schreck alle Leitern einzuziehen. Was dann folgte, war Blut, Tod und wilde Zerstörung. Der „apachu" kannte keine Gnade und erwartete sie auch nicht. Mitleidlos erhielten Männer, Frauen und Kinder den Todesstreich. Nur junge, gut gewachsene und kräftige Frauen und Kinder wurden allenfalls verschont und in Gefangenschaft verschleppt.

Als dann in der ersten Hälfte des sechzehnten Jahrhunderts der spanische Hidalgo[2] und Conquistador[3] Francisco Vásquez de Coronado auf der Suche nach den sagenhaften sieben goldenen Städten Ciboles, mit seinen gepanzerten und berittenen Soldaten aus dem eben erst unterworfenen Lande der Azteken in Arizona und New Mexico einbrach, eine dunkle Spur von Leid und Tod zurücklassend, vernahm er das Wort „apachu". Er hörte es aus dem Schreien der von der Soldateska gejagten Indianerfrauen und von den zusammengepreßten Lippen der gefolterten Zuni, Hopi und Moqui, wenn sie den goldbesessenen Spaniern den Pfad nach Ciboles verraten sollten. Neugierig erkundigte er sich nach dem Sinn des Wortes und mit der überheblichen Ge-

---

[1] Zuni, Hopi, Moqui = Pueblostämme.
[2] Hidalgo (span.) = Ritter.
[3] Conquistador (span.) = Eroberer.

nugtuung des rücksichtslosen Eroberers vernahm er die Deutung: „Die Bleichgesichter sind noch grausamer als die ‚apachu'!"

Coronado brannte darauf, mit diesen unbekannten „rojos"[1] zusammenzutreffen. Nun, er mußte sich in Geduld üben. Das gerechte Schicksal sparte die Begegnung auf, bis die Spanier ihre Suche erfolglos abbrechen und erbittert, enttäuscht den Rückzug nach Mexiko antreten mußten.

Vom Fieber geschüttelt, dem Verdursten nahe, schleppten sich die einst so stolzen und hochgemuten Hidalgos durch die roten Sandwüsten, deren trostloser Anblick höchstens durch einen Kreosotstrauch oder durch grotesk geformte Kakteen, die ihre stachelbewehrten Arme oft mehr als zehn Meter hoch in die Höhe reckten, unterbrochen wurde. In dieser Zeit der höchsten Bedrängnis begegnete er den ersten, neugierig sich nähernden „apachu". Statt friedlich zu versuchen, sich mit den Indianern zu verständigen, ließen die Spanier ihre Musketen sprechen. Aber diese Roten waren keine harmlosen „pueblos" und Ackerbauern. Die webten keine buntfarbenen Decken und verstanden sich auch nicht auf die Kunst der Töpferei. Es waren Jäger und vor allem Krieger und bei ihnen galt nur der Grundsatz: Auge um Auge, Zahn um Zahn!

---

[1] Rojos (span.) = Rote.

Sie ließen sich nicht einschüchtern, weder von den feuerspeienden, donnernden „Zauberrohren", noch von den großen, unbekannten Tieren, die Hirschen glichen und doch keine waren und die schrill wieherten, wenn ein Pfeil in ihrem Leibe wippte. Sie hatten keinen Respekt vor den klirrenden schwarzen Panzern der Landsknechte oder vor der bleichen Haut und den bärtigen Gesichtern der Fremden. Die „apachu" schlugen zurück und zwar so kräftig, daß der edle Herr Coronado froh war, mit halbwegs heiler Haut und unter Verlust des größten Teils seiner Männer, seiner Habe und seiner Pferde, wieder in die sicheren Bereiche des Aztekenlandes zu entkommen. „Apaches" nannte er diese unerschrockenen, wilden Indianer. So kamen die Athapasken endlich zu ihrem Namen — und in den Besitz von Pferden. Ihre Wut kehrte sich jetzt gegen die bleichgesichtigen Eindringlinge, die zuerst von Süden und Jahrhunderte später auch von Osten und Norden her, in das Indianerland einbrachen. Nun wurden sie zu Verteidigern jenes Landes, in dem auch sie ursprüngliche Fremde waren und zu Beschützern der alteingesessenen Stämme, die sie vorher erbittert bekämpften. Und in der Geschichte Nordamerikas ist zwischen Roten und Weißen wohl kaum ein Kampf länger und grausamer geführt worden, als jener im Südwesten, wo die Apachen bis in die Achtzigerjahre des letzten Jahrhunderts ein Gebiet beherrschten und unsicher machten, das größer war als Frankreich und Deutschland zusammen.

Sich selbst nannten die Apachen „Enju" oder „Yndye", was gleichbedeutend ist mit Volk. Ihre Nation zählte verschiedene Stämme: Chiricahua, Mescaleros, Coyotero, Jicarilla, Mimbreno, Tonto, Lipan, um nur die wichtigsten zu nennen. Alle Stämme besaßen weitausgedehnte Jagdgründe und lebten unter sich friedlich, wenn auch oft nur in losem Verhältnis. Im Jahre 1830 wurde die Stärke der vereinigten Apachenstämme auf rund achteinhalbtausend Seelen beziffert.

Als die weiße Gefahr immer größer, immer drängender wurde, schlossen sich einzelne Stämme wohl auch zu einem befristeten Kriegsbund zusammen. Der bedeutendste unter ihnen, der Chiricahuastamm, lebte in der gebirgigen Gegend Arizonas, südlich der Quellen des Gila-Rivers. Die einzelnen Glieder des Stammes hießen: Bedonkohe, Nedni, Chokonen und Chihenne. Es waren die Chiricahua, die dem Volke der Apachen die größten Häuptlinge und die tapfersten Krieger schenkten, und die bis zum bitteren Ende gegen die verhaßten Bleichgesichter kämpften.

Charakteristisch für die Kleidung der Apachen waren ihre hochschäftigen Mokassins. Oft genug war der Lendenschurz die einzige Bedeckung des Körpers. Höchstens, daß der Krieger dann und wann noch ein Hemd lose über dem Lendenschurz trug. Die schulterlangen Haare wurden durch ein um die Stirne geschlungenes Tuch zusammengehalten. Bei Kindern verzichteten die Apachen meist überhaupt auf jegliche Kleidung, die Frauen hingegen trugen ihre buntfarbenen Röcke bis zu den Knöcheln.

Als Waffen benützte der Apachenkrieger jene, die schon seine Vorväter in den Tundren des hohen Nordens gekannt und angefertigt hatten: Pfeil und Bogen, Speere mit Steinspitzen, Axt, Schlinge, Steinmesser und Steinkeule. Von den Weißen nahmen und erhielten sie später Gewehre, Pistolen und Stahlmesser. Wie die nördlicher lebenden Prärieindianer, waren auch die Apachen fabelhafte Reiter und harte, genügsame Krieger, deren Tapferkeit, zähe Ausdauer und maßlose Grausamkeit ihresgleichen suchten.

Obwohl Jagd und Kampf zu ihren höchsten Tugenden zählten, waren sie dennoch ein Volk von klarer Intelligenz. Sie besaßen hohe, sittliche Begriffe und hatten eine erstaunlich hochstehende Kultur entwickelt. Ihre Häuptlinge waren in der Kunst der Diplomatie und der Kriegführung manchem weißen General überlegen. Die „gesellschaftliche Ordnung", wenn man ihre Einrichtungen so bezeichnen darf, trug alle Merkmale einer demokratischen Selbstverwaltung. Der tüchtigste unter ihnen wurde Häuptling. Es gab keine Tyrannen. Ihre weiche, wie Musik klingende Sprache kennt kein Wort für: „Du sollst". Am Ratsfeuer pflegten Männer und

Frauen ihre Meinung gerade heraus zu sagen, und die Lüge gehörte, wie der Ehebruch und der Diebstahl, zu den schlimmsten Verbrechen. Wenn sich ein Mann gegen diese ungeschriebenen Gesetze verging, drohten ihm Tod oder Verbannung. Frauen kamen, wenn es gut ging, mit dem Verlust ihrer Nase weg.

Weilten die Apachen irgendwo länger als sonst üblich, pflegten die Frauen vielleicht etwas Mais anzupflanzen. Bei diesen allerdings spärlich vorkommenden Gelegenheiten, fanden sie auch Zeit und Muße ihre kunstvoll gemusterten Körbe zu flechten.

Doch genug dieser Schilderungen. Lest nun die nachfolgenden Kapitel, die vom letzten Freiheitskampf der Apachen erzählen.

Fort Sill 1894

Die beiden Männer blieben vor der zusammengekauerten Gestalt stehen.

„Ihr — seid — Geronimo?"

Zweifelnd kamen die Worte über die Lippen des schwarzgekleideten Herrn.

Der Indianer rührte sich nicht. Er schien die vor ihm stehenden Bleichgesichter, einen uniformierten Dolmetscher aus Fort Sill und den seiner Führung anvertrauten Zeitungsberichterstatter, gar nicht zu sehen.

Noch einmal kam die zögernde Frage:

„You are Geronimo?"

Langsam, als ob ihm das eine mühevolle Anstrengung kosten würde, hob der Angesprochene endlich den Kopf. Der Amerikaner sah ein durchfurchtes Ledergesicht, umrahmt von langen, schwarzgrauen Haaren. Der breite Mund war eine dünne Linie. Kräftig zeichneten sich unter der braunen Haut die Backenknochen ab. Ein Indianergesicht, wie er Dutzende schon gesehen hatte.

Was ihn aber vom ersten Augenblick an bannte, waren die Augen. Augen so schwarz wie Kohle. Glühende Augen, die ihn unverwandt anstarrten. Aus ihnen sprühte ihm ein so abgrundtiefer, wilder Haß entgegen, daß der Weiße erschrocken zurückwich. War aber auch der Körper dieses Indianers alt und gebrechlich, vielleicht schon näher dem Tode, als diesem trostlosen Dasein in der Gefangenschaft, — diese Augen aber lebten!

Und jetzt veränderte sich auch der Ausdruck seines Gesichtes. Der harte, schmale Mund verriet unbändigen Trotz, und der markante Kiefer zeugte vom ungebrochenen Willen, den weißen Unterdrückern zu widerstehen.

„Ich bin Geronimo!"

Die Lippen hatten sich kaum bewegt, als der Indianer mit etwas heiserer Stimme seinen Namen hervorpreßte. Dann wandte er sein Angesicht wieder ab und starrte nach Westen, wo die Sonne in goldener Pracht ihre Bahn beschloß.

Der Uebersetzer trat etwas näher. Er zwinkerte dem Journalisten zu, dann klopfte er mit herablassender Gutmütigkeit dem Indianer auf die Schultern.

„Ho, Old Chief", polterte er belustigt, „gehabe dich ein wenig freundlicher. Der Mister hier hat vom weißen Vater in Washington die Erlaubnis erhalten, nach Fort Sill zu kommen, um mit dir zu sprechen."

Geronimo ließ sich Zeit.

Dann streckte er dem Weißen die Hand entgegen.

„Tabak!"

Der Journalist kramte, von der unerwarteten Antwort peinlich berührt, in seinen Taschen und brachte endlich ein bereits halbwegs geleertes Paket Zigaretten hervor.

Er schnippste eine aus dem Papier und bot sie dem Indianer an.

Wortlos ergriff Geronimo das ganze Päcklein und ließ es unter seiner Decke verschwinden.

Verdutzt blickte der Zivilist auf den Dolmetscher. Aber der Uniformierte schien mit dem kratzbürstigen Wesen des Gefangenen vertraut zu sein. Er forderte ihn nochmals auf, vielleicht etwas schärfer als zuvor, dem weißen Herrn die Hand zu geben und ihm Rede und Antwort zu stehen.

Gleichgültig ergriff Geronimo die Rechte des Journalisten. Dann deutete er auf die untergehende Sonne und sagte mit leiser Stimme: „Die Sonne geht unter und kommt morgen wieder. Auch die Indianer gehen unter, aber bald wird man nichts mehr von ihnen hören. — Wartet bis die Nacht vorüber. Geronimo will dann hören, was der weiße Mann zu sagen hat."

Er versank in neuerliches Schweigen. Achselzuckend wandte sich der Uebersetzer ab. „Für heute ist nichts mehr zu machen, Herr. Versuchen wir es morgen wieder."

Sie entfernten sich. Der Journalist in Gedanken versunken und allein mit seinen widerstreitenden Gefühlen. Ihm zur Seite, einen lustigen Schlager pfeifend, der Uniformierte.

*

Um die zehnte Morgenstunde des andern Tages begaben sich die beiden Männer wieder zu Geronimo. Der Interpreter[1] klopfte an die Türe des primitiven Blockhauses. Einer der geschlossenen Fensterladen wurde aufgestoßen, und eine ältere Indianerin schaute heraus. Fragend, nicht eben freundlich, blickte sie die Weißen an.

„Bestelle dem Häuptling, daß der weiße Mann aus Washington auf ihn wartet", gebot der Soldat.

Die Indianerin nickte und verschwand im Innern.

„Das war Nadeste, die Schwester Geronimos", erklärte der Uebersetzer, „sie hat alle Kämpfe und die vielen Verfolgungen mitgemacht. Jetzt teilt sie die Gefangenschaft mit dem Häuptling. Eine tapfere Frau!"

„Weilen noch andere Familienglieder auf Fort Sill?" erkundigte sich der Journalist.

„Yes Sir, die beiden Brüder Tuklonlen und Porico. Außerdem noch zwei seiner Frauen mit ihren Kindern. Sie alle wurden vor acht Jahren mit Geronimo und den andern Chiricahua-Apachen nach Fort Pickens in Florida verbannt. Man hat dort auf Verfügung der Regierung den Häuptling von seiner Familie getrennt und in Einzelhaft behalten. Erst nach ihrer Ueberführung nach Fort Sill durften sie wieder miteinander leben. — Aber, da kommt ja der Chief selber." Geronimo blieb

[1] Interpreter (engl.) = Übersetzer.

unter dem Türbogen stehen und musterte die Ankömmlinge. Er trug eine zerschlissene blaue Uniform auf seinem mageren Körper und hatte eine dünne Decke um die Hüften gewickelt. Ausgetretene Mokassins bedeckten die Füße.

Der Häuptling schien nicht eben groß. Früher mußte seine untersetzte Gestalt kräftig, wenn nicht gar vierschrötig, gewesen sein. Aber die langen Jahre einer erbarmungslosen Hetzjagd, und die nachfolgende scharfe Gefangenschaft in Florida, waren nicht ohne Wirkung geblieben.

Immer wieder mußte der Weiße in die brennenden Augen des Indianers sehen. Dieses glühende Funkeln verriet zur Genüge, daß der Häuptling wohl überwältigt, jedoch keineswegs gezähmt war.

Als ob er sich je einmal zähmen lassen würde! dachte der Journalist. Da steht er vor mir, gekleidet mit den kläglichen Fetzen, die ihm durch weiße „Großmut" zugeworfen wurden. Und dieser „Dutzendindianer" — wenn seine Augen nicht wären! — hat noch vor wenigen Jahren innerhalb eines riesigen Gebietes Angst und Schrecken verbreitet. Sein Name war gefürchtet in den Vereinigten Staaten wie in Mexiko. Den fähigsten Generalen, den modernsten Waffen und der größten Truppenmacht hat er die Stirne geboten. Er hat gekämpft wie ein Tiger, und an ihm klebt das Blut unzähliger Weißer.

Jetzt werde ich ihm die Hand reichen, so wie gestern, als er mir die Zigaretten weggenommen hat. Es war etwas anderes als nur Frechheit, das ihn diese Tat begehen ließ. Ich habe den Ausdruck der Verachtung auf seinem Gesicht gesehen. Mit einer solchen Miene muß er früher getötet, geplündert und geraubt haben. Er haßte die Weißen, wie nur ein Feind den andern hassen kann. Und dieser Haß lodert noch heute in seinem Herzen, — ich fühle es fast schmerzhaft deutlich.

Da stehe ich ihm gegenüber, diesem „Teufel in Menschengestalt". Ob er wohl ahnt, daß ich diesen Ausdruck noch vor wenigen Jahren auf ihn anwandte, als ich bei General Crook und später bei General Miles weilte, um über ihre Feldzüge gegen den Apachenhäuptling zu schreiben? Wohl kaum, sonst würde er mir mit einem Panthersprung an die Kehle fahren! Wie armselig er aussieht, er, der einst, seiner Kriegführung wegen, ein Land, fast so groß wie Europa, außer Rand und Band brachte. Der zufolge seiner Intelligenz, seiner Rücksichtslosigkeit, seiner unglaublichen Willenskraft und — natürlich seiner tollkühnen Tapferkeit, die Apachen zu den unerhörtesten Taten anspornte.

Ob es mir wohl gelingt, mit ihm ins Gespräch zu kommen? Wird er mir verraten, warum er die Bleichgesichter so fanatisch haßte und — die Augen verraten es! — immer noch haßt!

Die Stimme des Dolmetschers riß den Journalisten aus seinen Gedanken. „Guten Tag, Häuptling! Siehe, der weiße Mann ist gekommen, wie du ihm geraten hast."

Geronimo knurrte etwas Unverständliches. Dann trat er aus der Hütte und wies auf einen sonnigen Platz.

„Dort wollen wir sprechen."

Indianischer Sitte entsprechend, blieb Geronimo während geraumer Zeit stumm und in sich gekehrt. Das gab dem Besucher aus Washington vorerst willkommene Gelegenheit, die aufgewühlten Gedanken zu ordnen. Während seine Blicke über die trostlosen grauen Gebäude des Forts und über die primitiven Blockhäuser des Apachenlagers schweiften, überlegte er sich, wie das bevorstehende Gespräch am besten geführt werden könnte.

Vom nahen Exerzierplatz hallten die brüllenden Stimmen der Sergeanten herüber. Ein Pferd wieherte laut und ungeduldig. Drüben im „store"[1] schalt eine keifende Frauenstimme. Ein Geruch von Leder und Pferdedung lag in der Luft.

„Meine Ohren sind geöffnet. Der weiße Mann mag sprechen."

Hastig zog der Journalist Bleistift und Notizblock aus der Rocktasche.

Er feuchtete sich die Lippen an und verfluchte seine läppische Aufgeregtheit.

---

[1] Store (engl.) = Kaufladen.

Geronimo, der gefürchtete Geronimo saß ihm ja gegenüber. Und bald würden die Leser aus seiner Feder die Erzählungen des Häuptlings erfahren!

Welche Sensation!

„Häuptling Geronimo unterhält sich mit dem Berichterstatter unserer Zeitung!"

Welch eine Ueberschrift!

„Wie alt seid Ihr, Häuptling?"

Geronimo zog die Stirne kraus und überlegte einen Augenblick. „Viele Jahre lasten auf meinem Haupt. Als wir hier ankamen, hat mir einer eurer Offiziere die gleiche Frage gestellt und aus meiner Antwort herausgefunden, daß ich — wie die Weißen sagen — fünfundsechzig Jahre alt bin."

„Well, dann seid Ihr also 1829 geboren worden."

„So ist es."

„In Mexiko oder auf dem Gebiet der Vereinigten Staaten?"

Des Häuptlings Augen blitzten.

„Ich wurde in meiner Väter Land geboren, im No-do-yohn Canyon in Arizona. Damals beanspruchten die Mexikaner dieses Land für sich, und heute tun es die Amerikaner ebenso. Man hat deswegen weder die Apachen, noch die andern Stämme des roten Mannes je gefragt." In jähem Zorn hatte der Indianer die Worte hervorgestoßen. Warnend hob der Dolmetscher die Augenbrauen. Der Journalist verstand das Zeichen. By Jove, da hieß es vorsichtig sein! Begütigend hielt er dem erzürnten Häuptling seine Zigaretten hin und beeilte sich, ihn mit einer andern Frage abzulenken.

„Könnt Ihr mir etwas über Eure Familie erzählen, Häuptling? Und warum man Euch Geronimo nennt? Dieser Name ist doch ausgesprochen spanisch!"

Geronimo atmete den Tabakrauch tief in seine Lungen ein. Dann begann er zu erzählen. Seine Rede war fließend, klar und deutlich. Hin und wieder mischte er sie mit englischen und spanischen Wörtern, um die indianischen Ausdrücke noch verständlicher zu machen. Eifrig schrieb der Journalist.

„Mein Vater hieß Taklishin, der Graue, und war Häuptling einer Sippe der Chiricahua-Apachen. Meine Mutter hieß Juana. Sie hat acht Kindern das Leben geschenkt. Zur Zeit meiner Geburt lebte noch Häuptling Maco. Er war — wie ihr sagt — mein Großvater väterlicherseits.

Als ich noch ein kleiner Bub war, hat mir die Mutter erzählt, daß Taklishin am Tage meiner Ankunft auf dieser Welt ein großes Fest veranstalten ließ."

„Berichtet mir davon, wenn Ihr es noch wißt, Häuptling", bat der Berichterstatter.

Geronimo neigte sein Haupt.

„Mein Gedächtnis ist so klar, wie das Wasser einer Quelle. Hört, was mein Mund spricht.

Es war an einem Morgen des Monats, den die Bleichgesichter Juni nennen. Nayenaezghani, der Sonnengott, hatte im Osten seine Bahn begonnen. Die Sterne pusteten ihre Lichter aus und versanken im zarten Blau des erwachenden Tages.

Nayenaezghani war die Herrlichkeit selber. Des Morgens und des Abends tauchte er das Land in ein strahlendes Meer glühender Farben. Dann funkelten die Felsen der Canyons golden und purpurn. Selbst die Schatten leuchteten blau, wie das Wasser des Gila-Rivers, oder grün, wie das Gras der Prärien.

Taklishins Dorf lag im Talgrund des No-doyohn Canyons, wo das Rauschen des Flusses donnernd von den jäh abstürzenden Felswänden widerhallte. Allenthalben gab es saftige Weide für die Ponies. Unsere Frauen fanden auch genügend Platz, den Mais anzupflanzen. — Die Schatten der Nacht wichen aus dem Dorf, da erklang in der Grashütte des Häuptlings der erste Schrei des Neugeborenen. Als der Vater sah, daß seine Frau ihm einen Sohn geschenkt, verließ er das ‚wickiup'[1] um dem Herrn des Lebens zu danken.

Er war nackt bis auf den Lendenschurz. Die kalte, frische Morgenluft wehte um seinen kräftigen Körper. Andächtig hob er sein Gesicht himmelwärts und begann zu beten.

‚Ihidna-nohhaineh-hn, Herr des Lebens, es hat Dir gefallen, die Zahl meiner Kinder um einen Sohn zu vermehren. Taklishin weiß Dir Dank und preist Deine

[1] Wickiup (engl.) = Hütte.

Größe! Leihe meinem Munde Gehör, wenn ich Dich anflehe, dem kleinen Papus[1] Stärke und Mut zu geben, damit er dereinst ein tapferer Krieger unseres Volkes werde.'

In diesem Augenblick trafen die ersten Strahlen Nayenaezghanis auf den Talgrund und überfluteten den Canyon in herrlicher Farbenpracht. Mein Vater war glücklich: der Herr des Lebens hatte ihm durch den Sonnengott Antwort gegeben.

Nun eilte er leichtfüßig zum nahen Flusse, um das tägliche Morgenbad zu nehmen. Tief tauchte er in das klare Wasser, und mit kräftigen Stößen teilte er die rauschenden Wogen.

Wieder am Ufer, dehnte er seine geschmeidigen Glieder und lockerte seine Muskeln, wie es jeder Apachenkrieger tat, wenn er sich im Wasser von den letzten Spuren des nächtlichen Schlafes befreit hatte. Jetzt rief Taklishin sein Volk zum Tagewerk.

‚Ho-ho-o-o! Ho-ho-o-o! Wacht auf, ihr Krieger der Chiricahua, wacht auf! Wacht auf, ihr Frauen, ihr Knaben und Mädchen, wacht auf! Erhebt euch von den Fellen und tretet hinaus. Schon hat Nayenaezghani seine Bahn begonnen. Wacht auf! Eilt zum Flusse, ihr Männer und Knaben. Entfacht die Feuer, ihr Frauen und Mädchen! Ho-ho-o-o! Wacht auf!'

---

[1] Papus (algonkin) = Kind.

Allenthalben öffneten sich jetzt die Fellvorhänge an den Grashütten. Zuerst stürmten die Knaben heraus und rannten mit wildem Geschrei und flatternden Haaren dem Wasser entgegen.

Ho, ho, das gab ein Gespritze und Gelächter, als die jungen, braunhäutigen Burschen sich in den Wellen balgten. Den Knaben folgten die erwachsenen Krieger auf dem Fuße. Vergnügt schauten sie eine Weile dem Getümmel zu, dann warfen auch sie sich in die Fluten und ließen die noch schlafmüden Körper vom erfrischenden Naß umspülen.

Mein Vater war inzwischen wieder in sein Wickiup getreten. Mutter lag auf dem weichen Fellager und an ihrer Seite, sorgsam eingewickelt, der Neugeborene. Sachte beugte Taklishin sich nieder und nahm das kleine Bündel behutsam in seine Arme. Plötzlich lachte er belustigt auf.

‚Ho, der jüngste Krieger unseres Volkes versteht schon ausgiebig zu gähnen. Wir werden ihn Goyathlay nennen, Juana. Goyathlay, den Gähnenden.'

Mutter nickte zustimmend.

‚Mögen dereinst unsere Feinde vor diesem Namen in Furcht erzittern.' "

Geronimo hielt inne und heftete seine schwarzen Augen auf den Journalisten. Dann verzog sich sein schmaler, strenger Mund zu einem triumphierenden Lächeln und flüsterte:

„Der Wunsch meiner Mutter ist in Erfüllung gegangen. Goyathlay hat seine Feinde in Angst und Schrecken versetzt. Und — sie zittern immer noch vor ihm!"

„Wahrhaftig, Häuptling, da muß ich dir beipflichten", grinste der Uebersetzer, „da, rauche noch eine Zigarette!"

Lange schwieg der alte Apache. Dann nahm er den Faden seiner Erzählungen wieder auf.

„Taklishin legte den Knaben in die Arme der Mutter. Er streifte die hohen Mokassins über seine Füße, legte das Stirnband um die Haare und ergriff seine Waffen.

‚Wir wollen ein großes Fest feiern, Juana. Ich will es den Chiricahua mitteilen.'

Lauter Jubelruf belohnte Taklishins Bekanntmachung. — Die Apachen waren gerne fröhlich, und sie haben viele Feste gefeiert. Boten ritten zu den benachbarten Stämmen, um sie für die bevorstehende Feier einzuladen. Mein Vater stiftete einige fette Ochsen, die auf einem Streifzug erbeutet wurden, damit man sie schlachte und das Fleisch für das Festmahl zubereite.

Trotzdem die Frauen tüchtig arbeiten mußten und mit Braten und Backen alle Hände voll zu tun hatten, fanden sie dennoch Zeit, meine Mutter aufzusuchen und den Neugeborenen zu betrachten. Tanten und Schwägerinnen überreichten ihr kunstvoll geflochtene und bemalte Schalen und Vasen. Andere schenkten zierliche kleine Mokassins oder perlenbestickte Stirnbänder.

Ständig kauerten einige Squaws[1] in der Grashütte. Das kleine, schreiende Wesen ging von Arm zu Arm.

‚Seht die klaren Augen und die kräftigen Fäuste. Kluger Sinn und ein starker Körper werden ihn einst auszeichnen.'

‚Ho, wie laut er schreien kann! Seine Stimme wird von den Feinden gefürchtet werden!'

Jede Frau fand ein Wort des Lobes. Jede wußte einen guten Ratschlag. Meine Mutter fühlte sich glücklich. Die Apachen hatten gute Krieger notwendig. Sie war froh, einem gesunden Knaben das Leben geschenkt zu haben.

Als die Schatten der Dunkelheit sich auszubreiten begannen, kehrten die ausgesandten Boten in Begleitung einer großen Zahl erwartungsvoller Gäste zurück. Denn weit herum war es bekannt, daß mein Vater großartige Feste zu feiern verstand."

„Wurde der berühmte Teufelstanz auch aufgeführt?" unterbrach der Journalist die Erzählung des Häuptlings.

Unmut wölkte über des Apachen Gesicht.

„Der weiße Mann übe sich in Geduld und falle nicht wie ein ungezogener Knabe in die Rede Goyathlays", verwies er den neugierigen Frager. Der Journalist biß

---

[1] Squaw (algonkin) = Frau.

sich auf die Lippen und verdammte sein vorwitziges Wesen.

Mühsam erhob sich Geronimo.

„Die Sonne steht hoch am Himmel. Nadeste wird bald zum Essen rufen." Er schaute den Journalisten an.

„Gefällt es dem weißen Mann, den Worten Geronimos zu lauschen?"

„Sehr, Häuptling, deswegen bin ich ja gekommen. Wann könnt Ihr Eure Erzählung fortsetzen?"

„Wenn die Sonne über die Spitze jenes Turmes ist, wird Geronimo euch wieder erwarten. Shi-go-sh-k'anni-sidja!"[1]

Geronimo entfernte sich.

---

[1] Heißt wörtlich übersetzt: «Hier liegt meine Yuccafrucht begraben». Mit dieser Redensart pflegen die Apachen eine Erzählung zu beenden.

Das Geburtstagsfest im No-doyohn Canyon

Pünktlich um die vereinbarte Zeit trafen die drei Männer zusammen. Diesmal eröffnete der Journalist das Gespräch.

„Sagt, Häuptling, ich habe Euch gebeten, mir zu erklären, warum Ihr den Namen Geronimo trägt. Wollt Ihr mir diese Frage beantworten?"

Der Indianer zuckte die Achseln.

„Goyathlay weiß es selber nicht. Die Mexikaner werden mich so genannt haben, weil sie meinen richtigen Namen nicht aussprechen konnten. Nur wenig Leute wissen, daß der Häuptling der Chiricahua der Gähnende heißt, aber mehr Weiße, als es Grashalme hat auf diesem Platz, fürchteten sich, wenn von Geronimo die Rede war. Und sogar jetzt noch, da das Kriegsbeil längst begraben ist, sind viele Soldaten nötig, um den Apachen zu bewachen. Geronimo ist stolz auf seinen spanischen Namen!"

Versonnen schaute der Häuptling vor sich hin. Dann wurde sein Antlitz steinern. Voller Bitterkeit, ja mit haßerfüllter Stimme sagte er:

„Mein Vater erzählte mir, daß die Indianer so zahlreich seien, wie die Blätter an den Bäumen. Im Norden des Landes gebe es viele Stämme, die Pferde besitzen und in Zelten aus Häuten wohnen. Geronimo hat dieses Volk im Norden niemals gesehen. Aber er weiß, daß es, falls es wirklich existiert hat, sicher untergegangen ist. Die Bleichgesichter haben diese Stämme nicht anders behandelt als uns Apachen. Es wird noch einige Zeit dauern, dann wird man über die Indianer nur noch das wissen, was weiße Männer über sie aufgeschrieben haben."

Betroffen sahen sich die zwei Besucher an. Sie ahnten die tiefe Trauer, die den Häuptling vor dem unausweichlichen Schicksal seines Volkes bewegte.

„Seht hier den Häuptling der Apachen!" rief Geronimo wutbebend. „An seinem Leibe hängen die schmutzigen Lumpen des weißen Mannes, weil er nichts anderes mehr besitzt, womit er seine Blöße bedecken könnte! Hier sitzt er vor euch, kraftlos und ohne Waffen. Noch vor wenigen Jahren hättet ihr nicht den Mut gefunden, mir gegenüberzutreten. Und jetzt betrachten mich die Bleichgesichter, wie man ein gefangenes Tier anstarrt! Nie hätte ich mich unterwerfen sollen! Man hat mir versprochen, mich und die Meinen gut zu behandeln. Lüge, nichts als Lüge! Hinter Gittern wurde ich gefangen gehalten. Frauen und Kinder starben am Sumpffieber. Weiterzukämpfen bis zum Tode wäre für uns alle besser gewesen!

Oh, I hate you, I hate you damned whites! Ich hasse euch, ihr verdammten Weißen!"

Ein Hustenanfall setzte dem Wutausbruch ein Ende. Geronimo erhob sich und stampfte ohne Gruß, ohne nochmals einen Blick auf die Weißen zu werfen, von dannen.

Der Journalist zog sein Taschentuch und wischte sich die Stirne ab. Fragend sah er den Uebersetzer an.

„Wir werden es morgen von neuem versuchen müssen, Sir. Laßt uns in die Kantine gehen. Ich mag einen Whisky vertragen."

*

Das Gespräch ging anderntags weiter. Mit keinem Wort wurde der gestrige Vorfall erwähnt. Geronimo schwelgte in Erinnerungen an seine Jugendzeit, als er das Geburtstagsfest im No-doyohn Canyon schilderte und zwar mit den gleichen Worten, wie es ihm die Mutter vor vielen Jahren erzählt haben mag.

„Die Chiricahua hatten ihre schönsten Kleider angezogen. Gelb glänzte die Farbe auf den Gesichtern. Es war ein Freudentag, und die Farbe des Blütenstaubes galt als Symbol der Fröhlichkeit Ein riesiges Feuer loderte mitten auf dem Festplatz. Ringsum saßen Männer, Frauen und Kinder. Hoch oben, am nächtlichen Himmel glitzerten die Sterne. Der Mond war aufgegangen und goß sein Silberlicht über das Dorf. Häuptling Taklishin und der alte Medizinmann Naité, der gütige Mittler zwischen den Chiricahua und dem Herrn des Lebens, nahmen Platz inmitten der Gäste.

Mein Vater muß prächtig ausgesehen haben. In seinem Stirnband steckte die Feder des Kriegsadlers, das Zeichen höchster Tapferkeit. Das ärmellose Oberhemd aus weiß gegerbtem Hirschleder war dicht besetzt mit Skalphaaren. An den hochschäftigen Mokassins klirrten die Silbersporen eines Mexikaners, den er im Kampfe getötet.

Taklishin gab dem Trommler ein Zeichen. Fernem Donnergrollen gleich dröhnte das gespannte Fell. — Das Fest hatte begonnen. — Bevor jedoch die Speisen aufgetragen und die Tänze vorgeführt wurden, mußte noch dem Herrn des Lebens geopfert werden. Naité hatte die heilige Pfeife aus dem Fellsack genommen und sie mit aromatischen Kräutern gestopft. Ein junger Krieger reichte ihm den glühenden Kienspan. Feierlich rauchte der Medizinmann die vorgeschriebenen vier Züge, dann reichte er das Kalumet dem Häuptling. Dieser gab es weiter und so ging es von Hand zu Hand, bis die angesehensten Krieger und die Gäste allesamt auf diese Weise den Herrn des Lebens um seinen Schutz für das große Fest gebeten hatten.

Unbesorgt durfte man jetzt mit dem Essen beginnen. Mit geübten Handgriffen zerschnitten erfahrene Frauen die mächtigen Bratenstücke. Unermüdlich schleppten flinke Buben riesige Berge von Fleisch heran. Niemand kam zu kurz. Allenthalben rundeten sich die Bäuche. Den Mädchen war die Aufgabe überbunden, die köstlichen Beerenkuchen und den honigsüßen Sirup zu verteilen. Sie taten das mit Eifer und Geschick. Höher und höher stieg die festliche Stimmung und als der letzte Krieger gesättigt war, begann sogleich der zweite Akt: die Tänze!

Dröhnender Trommelwirbel rauschte auf, daß es an den Felsen hallend widerklang. Singend nahten sich zwölf hübsche Mädchen und betraten den Kreis. Blumen schmückten das schwarzglänzende Haar und an ihren buntfarbenen Gewändern blitzten die Türkise. Oh, keine weiße Frau verstand so gut zu tanzen, wie die Mädchen der Chiricahua! Sie tanzten zum Vergnügen der Besucher und zu ihrer eigenen Freude. Wie süß und melodisch klang ihr Gesang in den Ohren der entzückten Zuschauer! Hei, wie die roten Röcke sich bauschten im Drehen und Wiegen. Welche Bewegung, welche Anmut offenbarte sich in diesem Reigen. Brausender Beifall belohnte diese Darbietung.

Kaum hatten die Mädchen den Ring verlassen, stürmte eine Horde junger Krieger hinein. Statt der Waffen trugen sie kostbare Federschilder in den Händen. Ihre schlanken Körper schimmerten golden im Feuerschein. Mit rasender Geschwindigkeit wirbelten die Tänzer um die Flammen herum. Kraft und Behendigkeit vereinigten sich zu einem sinnverwirrenden Schauspiel. Dieser Rundtanz mußte so schnell ausgeübt werden, als ob eine in allen Farben schillernde Schlange sich um den brennenden Holzstoß winden würde. Darum nannten wir diese Darbietung auch ‚Tanz der Schlange'.

Eine einzige Welle der Begeisterung brandete auf, als die Tänzer den Platz freigaben.

Nach ihnen trat ein hünenhafter Krieger in die Mitte. Es war Häuptling Maco, mein Großvater. Damals mag er so alt gewesen sein, wie ich jetzt bin. Aber ihn beugte nicht die Last einer grausamen Gefangenschaft. Kein Sumpffieber glühte in seinem Körper. Lange Jahre hatte Maco die Chiricahua angeführt, getragen vom uneingeschränkten Vertrauen seines Volkes. Dann war er zurückgetreten, und die Männer und Frauen hatten Taklishin, seinen ältesten Sohn, zu ihrem Oberhaupt gewählt.

Häuptling Maco war ein Kriegsheld gewesen. Seinen Namen kannte man an allen Feuern der Indianer, und er war gefürchtet in den steinernen Häusern der Bleichgesichter. Zahllos waren seine Skalpe, die im Rauche des Herdfeuers trockneten.

An diesem Feste trug er die übliche schlichte Kleidung des Apachenkriegers. Am linken Unterarm baumelte der eisenharte Schild aus Büffelhaut, und in der rechten Faust hielt er den steinernen Schädelbrecher. Die Narben der Tapferkeit, die seinen Körper bedeckten, hatte er mit leuchtend roter Farbe ausgemalt.

Die Trommel setzte ein. Mit voller Stimme begann Maco von seinen ruhmreichen Taten auf dem Kriegspfade zu singen. Stolz, mit hocherhobenem Haupte, schritt er um das Feuer. Auf dem Festplatz war es still geworden. Gebannt blickten die Zuschauer auf den gewaltigen Krieger, dessen Ruhm zugleich der Ruhm des Apachenvolkes war.

Maco beendete seinen ‚Ich-sah-Tanz' mit der Schilderung eines siegreichen Kampfes gegen die Bleichgesichter. Dann verließ er den Kreis. Aber hinter ihm prasselte wilder Beifall los, und der Kriegsruf der Chiricahua übertönte gellend den tobenden Lärm. —

Jetzt war die richtige Stimmung geschaffen für den letzten Akt dieses großartigen Festes, den ‚Teufelstanz'!"

*

Eifrig hatte der Journalist aufgeschrieben, was Geronimo erzählte und der Mund des Dolmetschers übersetzte. Nun, da der Name Teufelstanz erstmals vom Häuptling ausgesprochen wurde, blickte der Berichterstatter überrascht und erfreut auf den Indianer. Seinerzeit, als er die Apachenkriege mitgemacht hatte, wurden ihm wiederholt Andeutungen über diesen geheimnisvollen Tanz der Rothäute zugetragen. Unermüdlich hatte er versucht, darüber Näheres zu erfahren. Aber die Weißen, mit denen er zusammentraf, konnten ihm nur erzählen, was sie da oder dort aufgeschnappt hatten, und die Apachenkundschafter waren um nichts in der Welt zu bewegen gewesen, den neugierigen Bleichgesichtern einen Teufelstanz vorzuführen.

Geronimos Sinne, sein ganzes Denken und Fühlen, schienen zurückgeglitten zu sein in jene schöne Zeit, da die Apachen noch die unbestrittenen Herren des unermeßlich weiten nordamerikanischen Südwestens waren. Aufrecht saß er vor den beiden Besuchern, — jeder Zoll ein Häuptling! Sein Ledergesicht glühte vor Eifer, und die sonst so böse und mißtrauisch funkelnden stechenden Augen strahlten reine Freude aus. Aber er wollte jetzt nicht unterbrochen werden. Mit einer knappen, herrischen Handbewegung beendete er die unwillkommene Störung, die den Flug seiner Gedanken zu hemmen drohte. Der Journalist beugte sich wieder über sein Notizheft.

„Manchen Teufelstanz hat Geronimo mitgemacht, sei es als Tänzer oder Zuschauer. Die Krieger der Apachen kannten keine höhere und feierlichere Darbietung. Aus dem Teufelstanz schöpften sie Mut und Zuversicht. So vernehmt denn jetzt, was es damit für eine Bewandtnis hat.

Junge Krieger betreten zum erstenmal den ‚unreinen Pfad'. Von ihrem Kriegshäuptling werden sie ausgeschickt. Er will ihre Tapferkeit erproben und er will prüfen, ob er Vertrauen haben kann in die Stärke ihrer

Herzen. Diese Tänzer, die ausgesucht werden, um die Rolle der jungen Krieger zu spielen, müssen ausgezeichnete Darsteller sein. Ihnen obliegt die schwere Aufgabe, die Zuschauer von allem Anfang an in Bann zu ziehen, damit die nachfolgenden Ereignisse ihre Wirkung voll entfalten können. Sie wissen auch, daß die größte Zahl der Zuschauer den Teufelstanz schon wiederholt gesehen, oder ihn sogar selber getanzt hat und deshalb mit kritischen Augen das Geschehen verfolgt.

Apachenkrieger brauchen nicht, wie weiße Männer, Whisky oder Pulque,[1] um in Stimmung zu kommen. Sie erfreuen sich an den Schönheiten des Tanzes, an ihren Gesängen oder an dargebotenen Geschichten. Wer aber den Männern und Frauen etwas bieten wollte, mußte sein ganzes Können und seine volle Hingabe beweisen.

Die jungen Krieger zeigen in dem Tanz, daß sie zum erstenmal auf dem Kriegspfad sind. Ihre Darstellung ist so eindrücklich, daß die Zuschauer bald alles um sich vergessen und nur noch miterleben, mitfühlen, was die Tänzer in der Mitte des Platzes gestalten. Leise dröhnt die Trommel, aber nicht gleichmäßig, sondern anschwellend und wieder abflauend, je nachdem, was auf dem Tanzplatz geschieht. Tanz und Trommelklang sind ein einziges Ganzes. Man kann sie nicht von einander trennen.

---

[1] Pulque = berauschendes Getränk.

Plötzlich steigert sich das Trommeln zu einem Wirbel von betäubender Wucht. Gefahr! Gefahr! scheinen die rasenden Schläge zu rufen. Wie das donnernde Rauschen eines Wasserfalles überflutet es die mit höchster Spannung erfüllten Zuschauer. Fiebernd, mit pochendem Herzen verfolgen sie die Tänzer und jetzt — ein einziger Aufschrei! Der Böse Geist ist in den Kreis getreten! — Der Teufel, wie die Bleichgesichter sagen. — Ein riesenhafter, gewaltiger Krieger, das Gesicht schwarz verhüllt, stellt ihn dar. Auf dem Kopf trägt er eine mit vier blutrot gefärbten Adlerfedern geschmückte Krone. Der nackte Körper ist mit weißen Streifen und Tupfen übermalt. Die Schwänze von Fuchs und Otter baumeln vom Gürtel und ausgehöhlte, faustgroße Kürbisse, in denen kleine Steinchen rasseln, sind unter den Knien befestigt. — Eine unheimliche, beklemmende Erscheinung!

Was werden die jungen Krieger tun? Feige fliehen? Sich verbergen? Oder mit dem furchtbaren Feinde kämpfen? In den Gesichtern und aus den Gebärden spricht der heftige Widerstreit ihrer Gefühle. Ein qualvolles Stöhnen durchzittert die Menge. Krieger pressen ihre Hände zu Fäusten. Frauen umfassen die vor Angst erschauernden Kinder, als müßten sie diese vor dem schrecklichen Wesen beschützen.

Langsam, mit kleinen, herausfordernden Tanzschritten, nähert sich der Böse Geist den immer noch unschlüssigen Kriegern. Seine langen Arme zucken nach vorne, wie die gegabelte Zunge der Klapperschlange. Stockend schlägt die Trommel, aber desto aufreizender klappern die Rasseln. Was werden die Krieger tun? Näher und näher kommt der Unhold. Immer rascher züngeln die Arme mit den ausgespreizten Fingern nach den Jünglingen.

Da! Ein Schrei der Empörung steigt gegen den schwarzen Himmel! Einer der Krieger hat feige die Flucht ergriffen! Gehetzt von unmenschlicher Angst um sein junges Leben, flieht er von dannen. Aber der Böse Geist ist schneller. Mit wenigen Phantersprüngen hat er den Fliehenden eingeholt und schlägt ihn mit einem einzigen Fausthieb zu Boden. Triumphierend zieht er das Messer aus dem Gürtel, um die Kopfhaut des Besiegten zu lösen, — da gellt die Masse zum zweitenmal. Diesmal hingegen ist es nicht hohnvolle Verachtung einem Feigling gegenüber, sondern anfeuerndes, siegverheißendes Kriegsgeschrei, das den Tapferen zum Kampfe entflammt. — Denn, aufgestachelt durch die beschämende Flucht ihres Gefährten, haben sich die übrigen Krieger auf den Bösen Geist geworfen.

Welch ein Tanz! Umbrandet von der überbordenden Anteilnahme der Zuschauer, angespornt durch die rasenden Wirbel der Trommel und getrieben vom ehrgeizigen Willen, für diesen Tanz das Beste herzugeben, eilt das Schauspiel seinem höchsten Punkt entgegen. Und zum letztenmal wogt ein rasender Sturm der Begeisterung durch die Nacht, — der Böse Geist ist gefallen! Wieder und wieder schrillt der apachische Kriegsruf: Sieg! Sieg! Der Feind ist geschlagen!"

Längst war die Decke von den Schultern des Häuptlings geglitten. Jetzt erhob er sich, überwältigt von der Erinnerung. Mit geballten Fäusten, zuckenden Angesichts starrte er auf die Weißen ...

Da ertönte vom nahen Fort ein Trompetensignal. — Geronimos Körper entspannte sich. Mit einer müden Bewegung strich er das strähnige Haar aus der Stirne.

„Als Geronimo auf die Welt kam, hat man am Schlusse seines Geburtstagsfestes den Teufelstanz aufgeführt", flüsterte er.

Der Uebersetzer drückte ihm eine Rolle Tabak in die Hand.

„Der Herr aus Washington dankt dir, Häuptling. Sieh, die Trompete hat zum Essen gerufen. Wir werden am Nachmittag wieder kommen."

Geronimo nickte abwesend.

„Gut, ich werde euch erwarten. Aus meinem Mund sollt ihr die Geschichte des Häuptlings San Juan vernehmen, der den Bleichgesichtern vertraute und deswegen sterben mußte."

*

Tag für Tag saßen die beiden Weißen mit dem Apachenhäuptling zusammen. Er schilderte ihnen das tragische Schicksal seines Volkes, dessen Ende er an hervorragender Stelle miterlebte — und nach Kräften zu verhindern suchte.

Die Geschichte vom Häuptling San Juan

1835. Lichterloh flammte der Indianerkrieg in den mexikanischen Staaten Sonora und Chihuahua. Es waren die Mimbreno-Apachen unter ihrem kühnen und scharfsinnigen Häuptling San Juan, die das unermeßlich weite, gebirgige Land brandschatzend durchzogen. Schauerlich rötete sich der nächtliche Himmel vom Feuer brennender Haziendas.[1] Hunderte von Mexikanern fielen dem unersättlichen, jahrhundertelang immer wieder neu genährten, indianischen Rachedurst zum Opfer, und Tausende von Pferden und langhörnigen Rindern wurden als willkommene Beute nach den Apachendörfern getrieben. San Juan spielte mit den Mexikanern Katze und Maus. Wie der zündende Blitz aus dunklem Gewölk fiel er über den verhaßten Feind, traf ihn mit unbarmherziger Gewalt, verschwand wieder, lautlos und ungesehen, um anderntags irgendwo zuzuschlagen, wo man ihn am wenigsten vermutet hätte. Wohl hatten die mexikanischen Behörden Militär aufgeboten, wohl hetzten die Generale ihre Regimenter und Brigaden auf den rotgesichtigen Gegner, der ihnen in der Kunst listenreicher Kriegführung haushoch überlegen war. Nie gelang es ihnen, San Juan und seine Mimbreno zu fassen,

[1] Hazienda (span.) = Farm.

geschweige denn zu schlagen. Geschwächt durch starke Verluste, abgerissen und entmutigt zogen die Truppen wieder in ihre Standquartiere zurück, derweil die verängstigte Bevölkerung sich in die Kirchen flüchtete und Tag und Nacht zur Heiligen Maria von Guadeloupe betete: „Jungfrau Maria, behüte uns vor den Apachen!"

In dieser auswegslosen Lage erließ die Regierung in Mexiko einen ebenso verzweifelten wie niederträchtigen Erlaß. In den Städten und Dörfern verkündeten ihn die Alcalden[1], bei der Truppe gaben ihn die Offiziere der Mannschaft bekannt und der Haziendero las ihn seinen Vaqueros[2] vor: „Hundert Goldpesos demjenigen, der den Skalp eines Apachenkriegers erbeutet, fünfzig für den Skalp einer Apachenfrau und fünfundzwanzig für die Kopfhaut eines Kindes!"

Die Skalpjagd in ihrer grausamsten Form wurde auf Veranlassung der hohen Obrigkeit in Mexico-City eröffnet. Und von sich aus erhöhten die Behörden von Sonora und Chihuahua diese Mordprämien noch auf 300, 200 und 100 Goldpesos. Hei, das waren goldene Zeiten für die Schurken aller Rassen! Die Alcalden, Offiziere und örtlichen Polizeikommandanten hatten alle Hände voll zu tun, um die vorgelegten Skalpe zu

---

[1] Alcalde (span.) = Gemeindevorsteher.
[2] Vaquero (span.) = Viehhirte.

zählen und die dafür anheischig gemachten Belohnungen auszuzahlen. Aber, um der Wahrheit die Ehre zu geben, — es waren verteufelt wenig Apachenschöpfe unter den abgelieferten Kopfhäuten zu finden. Mehr als die Hälfte davon stammte von den Mexikanern selber, die man durch diesen Bluterlaß zu schützen hoffte, und nun von geldgierigen Schuften gemordet wurden. Den Rest der „Jagdbeute" hatte man sich bei den friedlichen Pueblostämmen geholt.

*

Als Häuptling San Juan von dem mexikanischen Schandgesetz Kenntnis bekam, wurde sein Herz schwarz vor Haß und Zorn. Mit doppelter Wut fiel er über den weißen Erbfeind im Süden her und vergalt mit Zins und Zinseszins nicht nur die ihm zugedachte Demütigung, sondern auch alle die Uebergriffe und Verbrechen, deren sich die spanische Bevölkerung seit ihrer Einwanderung den Indianern gegenüber erlaubt hatte. San Juans Rachefeldzug drohte die ganze Ordnung in den mexikanischen Staaten über den Haufen zu werfen. Jeder Verkehr war lahmgelegt. Die von Panik ergriffenen Weißen flüchteten aus den Dörfern und Städten. Kulturland verödete, und einst blühende Farmen zerfielen. Den Behörden entglitten die Zügel der Ordnung und weiße Buschklepper errichteten ihrerseits eine Schreckensherrschaft, neben der sogar die Rachezüge der zur Weißglut aufgestachelten Apachen verblaßten. In dieser Zeit der höchsten Bedrängnis geschah eine Tat, die, so gemein sie auch in ihrer Ausführung war, mit einem Schlage die Bitternis der Not von den Mexikanern abwandte. Häuptling San Juan wurde getötet!

*

Häuptling San Juan pflegte einen Unterschied zu machen zwischen Bleichgesicht und Bleichgesicht. So ingrimmig er auch die Mexikaner verfolgte, — die von den nördlichen Gebirgen heruntersteigenden Weißen ließ er unbehelligt. Diese unterschieden sich in mannigfacher Hinsicht von ihren südlichen Rassegenossen. Sie sprachen englisch, waren von hohem Wuchse, trugen auf dem Blondhaar zumeist eine Biberfellmütze und waren ganz in Leder gekleidet. Der größte Teil von ihnen oblag der Jagd, und die andern zogen, mit allerlei Krimskrams beladen, von Indianerdorf zu Indianerdorf und tauschten wertlosen Tand gegen kostbare Felle. Es waren durchwegs harte, kühne Männer, die einer Gefahr nicht auswichen. Dies mag vielleicht der hauptsächliche Grund dafür gewesen sein, daß die Apachen und namentlich der Häuptling San Juan, diesen Weißen gegenüber, wenn auch nicht gerade Freundschaft, so doch eine respektvolle Achtung entgegenbrachten. Den Weißen behagte dieses Verhältnis durchaus. Sie mischten sich — vorläufig noch — nicht in die Angelegenheiten der rothäutigen Landesherren und waren zufrieden, von ihnen nicht belästigt zu werden.

Zweien dieser nordamerikanischen Einwanderer, dem Trader[1] James Johnson und seinem Kumpan Gleason, war es sogar gelungen, die Freundschaft des Häuptlings San Juan zu erwerben. Die beiden zogen daraus mancherlei Vorteile und persönlichen Nutzen, überließ ihnen der großmütige Rote doch den größten Teil der auf seinen Raubzügen gemachten Beute. Von Zeit zu Zeit reisten Johnson und Gleason mit einem hochbeladenen Planwagen nach Santa Fé, wo sie die Geschenke des Häuptlings um teures Geld verschacherten. Da Juan es nie geduldet hatte, daß in seiner Nähe mit berauschenden Getränken gehandelt wurde, weder Pulque noch Whisky, pflegten die zwei Händler jeweils in Santa Fé gründlich nachzuholen, was ihnen während langer Monate im Indianerland entgangen war. Als sie sich nun eines Tages in ihrer Trunkenheit mit ihrer Freundschaft zum Apachenhäuptling brüsteten, erregten sie die Aufmerksamkeit eines mexikanischen Geheimagenten. Der aalglatte Spitzel verstand es, die Trader aus der raucherfüllten, lärmigen Schenke in einen stillen Nebenraum zu locken. Eine Stunde später verließen Johnson und Gleason auf verschwiegenen Pfaden Santa Fé. Zwar hatten sie ihren reichlichen Handelserlös längst in wüster Gesellschaft vertan. Dafür klimperten in ihren Taschen je zweihundert gute harte Goldpesos, die ihnen

[1] Trader (engl.) = Händler.

der Mexikaner als Vorschuß ausbezahlt hatte, als sie ihm versprachen, die Kopfhaut des Häuptlings San Juan, ihres treuen Freundes und Wohltäters, auf den Tisch zu legen.

„Es bleibt dabei, Caballeros[1]", hatte der Spitzel geflüstert, „vierhundert Goldpesos als Anzahlung und sechshundert weitere, wenn ihr mir den Schopf des rothäutigen Hundes vorweist. Natürlich hat das Angebot der Behörde von Sonora auch für euch volle Gültigkeit: je hundert bis dreihundert Goldpesos zusätzlich für jeden weiteren Skalp. Nun könnt ihr selber ausrechnen, welcher Verdienst euer wartet!" Gierig funkelten die Augen der treulosen Verräter, als die blitzenden Goldmünzen in ihre vorgestreckten Hände tropften.

Mit triumphierendem Lächeln sah der Mexikaner das Geld in den weiten Taschen der „Gringos"[2] verschwinden und in seiner Stimme war die Verachtung, die er gegen die gedungenen Meuchelmörder hegte, deutlich anzuhören, als er mahnend fortfuhr: „Zwei Wegstunden von Santa Fé entfernt werden ein Dutzend Americanos mit einer Kanone auf euch warten. Diese Männer sind bereits in meinen Plan eingeweiht und wurden von m i r bezahlt. Sie haben euch zu gehorchen. Ich hoffe, daß es nun gelingen wird, ganze Arbeit zu leisten. Gute Jagd

---

[1] Caballero (span.) = eigentlich Ritter. Bedeutet hier etwa «Edler Herr».

[2] Gringo = mexikanisches Schimpfwort für die Nordamerikaner.

und Gott befohlen! Buenos tardes[1], Caballeros!" Schmunzelnd und händereibend sah der Geheimagent den im Dämmerdunkel der hereinbrechenden Nacht verschwindenden Tradern nach.

*

Johnson und Gleason saßen zur Rechten des Häuptlings San Juan. Zu seiner Linken kauerte der ledergesichtige Medizinmann. Hinter ihnen drängte das Volk, die Krieger, die Mütter mit ihren Kindern und die Greise. Sie alle waren dem Rufe ihres Häuptlings gefolgt, als er sie bei Tagesanbruch aufforderte, zum Fest der Jünglinge und Mädchen zu erscheinen. Gleichzeitig hatte er bekanntgegeben, daß die beiden bleichgesichtigen Freunde wieder im Dorf eingetroffen seien und zu Ehren der Feierlichkeit einige Säcke „Pinol", feingeröstetes Maismehl, verteilen wollten. Darob herrschte Freude und Jubel bei den Mimbreno. Sie freuten sich auf das Fest und nicht minder auch auf das Maismehl, aus dem sich gar herrliche Speisen zubereiten ließen.

Ein türkisblauer Himmel wölbte sich über der lieblichen Landschaft. San Juan hatte für sein Volk ein prächtiges Fleckchen Erde ausgesucht. Im Westen blitzte der nahe Gila-River. Gen Osten und Süden erhoben sich die im Lichte der Sonnenstrahlen tiefrot funkelnden, tafelförmigen Berge, und gen Norden beschloß ein lichtes

---

[1] Buenos tardes (span.) = Guten Abend.

Wäldchen den Lagerplatz der Indianer. Dort hatten die Weißen, wie sie dem Häuptling erzählten, den Pinol und die übrigen Geschenke bereitgelegt, um sie nach Abschluß des Festes zu holen und zu verteilen.

Immer wieder wanderte ihr unruhiger Blick nach dem Gehölz. San Juan war es längstens aufgefallen Er legte Johnson freundschaftlich die Hand auf die Schulter und lächelte beruhigend.

„Meine Freunde seien unbesorgt. Sie sind Gäste der Mimbreno, und kein Angehöriger meines Volkes wird sich an diesen Gaben vergreifen." Ein Trommelwirbel zeigte den Beginn des Festes an. Der alte Medizinmann erhob sich, kehrte sein Angesicht der Sonne zu und begann mit lauter, erstaunlich klarer Stimme und in singendem Tonfall Ihidna-nohhaineh-hn, dem „Herrn des Lebens" und zu Nayenaezghani, dem „Sonnengott" zu beten und den Segen dieser beiden höchsten Gottheiten der Apachen für die bevorstehende Feier herabzuflehen. Demütig senkten die harten Krieger, die Frauen, Kinder und Greise ihre Köpfe und lauschten den ergreifenden Worten des von ihnen hoch verehrten Medizinmannes. Wieder dröhnte die hautbespannte Trommel. Der Medizinmann trat zurück und setzte sich neben San Juan. Jetzt klatschte der Häuptling kurz in seine Hände und im selben Augenblick begannen die Krieger mit dumpfer Stimme einen eintönigen Singsang, begleitet vom Rollen der Trommel. Gleichzeitig hatte sich die Klappe eines der am nächsten stehenden Zelte geöffnet und heraus traten zwölf Jünglinge, nackt bis auf den Lendenschurz. Die Gesichter und die geschmeidigen, schlanken Körper waren phantastisch bemalt. Einer hinter dem andern näherten sie sich den Zuschauern, blieben dann stehen und zwar in einer Bewegung, als würden sie jemanden erwarten.

San Juan klatschte von neuem, und jetzt fielen die Frauen mit hellen Stimmen in den Gesang der Männer ein. Die Klappe des zweiten Zeltes wurde gehoben. Es erschienen zwölf anmutige junge Mädchen, mit prachtvoll verzierten Röcken angetan, und stellten sich den Jünglingen gegenüber auf. Zärtlich spielte ein leiser Wind mit dem herrlichen, tiefschwarzen Haar der Jungfrauen, das in reicher Fülle über die Schultern niederfiel. Zarte Blüten, von den Kakteen gepflückt, schmückten ihren Scheitel. Machtvoll rauschte der Gesang der Erwachsenen und jetzt war es San Juan selbst, der aufstand und mit heller Tenorstimme den Chor und das Wirbeln der Trommel übertönte.

Die Jünglinge wandten sich mit kurzen Tanzschritten den Mädchen zu, die ihre Blicke züchtig gesenkt hielten. Immer dem Rhythmus des Gesanges folgend, umkreisten sie die Jungfrauen und streuten Blütenstaub auf ihr Haar. Nach einer Weile knieten sie nieder und nun war die Reihe an den Mädchen, sich im Rund zu drehen. Sie beugten sich nach links und rechts, und jedesmal warfen ihre Hände einen Regen von Blüten über die kauernden Jünglinge.

Plötzlich brach der helle Tenor des Häuptlings ab. Der Chor verstummte, nur die Trommel dröhnte leise weiter. Die Mädchen hatten ihren Rundtanz beendet und sich armverschlungen, einer geschlossenen Blume gleich, inmitten des Kreises niedergelassen. Zum zweitenmal erhob sich der Medizinmann und breitete segnend seine Arme über den Jünglingen und Jungfrauen aus.

„Wir danken dem Herrn des Lebens", betete er, „daß er unser Fest so gut gelingen ließ. Mögen die jungen Männer der Mimbreno tapfere Krieger und die Mädchen tüchtige Frauen werden." Mit dieser Zeremonie war die eigentliche Feier, das Fest der Jünglinge und Mädchen, beendet, und jetzt sollte die Lustbarkeit zu ihrem Rechte kommen.

San Juan wandte sich an seine Gäste: „Wollen nun meine Brüder hineilen zum Walde und mit ihren Geschenken zurückkehren, damit sich die Herzen der roten Kinder erfreuen können."

Lauter Jubel folgte diesen Worten. Uebermütig drängten sich die Apachen um die beiden Trader, klopften ihnen auf die Schultern und faßten sie an den Armen. Etwas verwirrt erhoben sich Johnson und Gleason, dann eilten sie dem Wald entgegen. Hunderte von neugierigen Augenpaaren verfolgten ihre Schritte, und immer wieder stiegen Jauchzer gegen den blauen Himmel und gaben Kunde von der Freude über die zu erwartenden Ueberraschungen.

*

Schier außer Atem erreichten die Händler den Wald. Mit einem Blick überzeugten sie sich, daß alles genau nach ihren Angaben vorbereitet war. Im Buschwerk sorgfältig verborgen, zielte die Kanone gegen das Indianerdorf. Hinter den Bäumen lauerten die gedungenen Männer. Ein wüster, narbengesichtiger Kerl winkte Johnson zu.

„Ho, ist verdammt lang gegangen dort drüben, Johnson! Beinahe wäre die Zündschnur von selber losgebrannt."

Ein meckerndes Lachen folgte diesen anzüglichen Worten. „Halt dein Maul", zischte Johnson wütend, „alles o. k.?"

„Yes, boß!"

„Well, dann wollen wir keine Zeit verlieren und mit dem Geschäft zu Ende kommen."

Johnson beugte sich hinter die Kanone, prüfte die Einstellung des Rohres und warf noch einmal einen Blick zu den Apachen hinüber, die jubelnd und tanzend auf das Wiedererscheinen der weißen Freunde warteten. Sekunden später brüllte die Kanone auf. Ein Feuerstrahl zuckte aus dem Astgewirr, und drüben bei den Indianern fuhr ein Hagel von glühenden Eisensplittern in die dicht zusammengedrängten Menschen hinein. Wieder krachte die Kanone und blitzte das Mündungsfeuer. Dazwischen knallten die Gewehre und Pistolen der übrigen Banditen. Während Minuten deckte ein Orkan von Flammen und Eisen die Apachen zu. Dann schwiegen die Waffen.

Johnson schraubte sein Fernrohr auseinander und beobachtete gründlich.

„Well, boys", grinste er, „schätze, wir können uns die Beweise unserer Jagd holen. Das rote Gelichter scheint ruhig zu sein. Aber ladet vorher eure Waffen nach!"

*

Wie ein Sturmwind flog die Kunde von dem entsetzlichen Verbrechen durch das Apachenland. Die gemeine Tat Johnson's und Gleason's hatte für die Amerikaner furchtbare Folgen. Nun wußten die Indianer, daß auch diesen ledergekleideten Pelztierjägern und Händlern nicht zu trauen war. Ueber allen Bergen stiegen die Rauchzeichen auf, und das unheimliche Trommeln riß Tag und Nacht nie mehr ab.

„Rache für Häuptling San Juan!"

„Rache für die feige hingemordeten Mimbreno!"

Seht euch vor, ihr Amerikaner! Mangas Coloradas, der Häuptling mit den roten Aermeln, hat sich gegen euch erhoben!

Der Häuptling mit den roten Ärmeln

„Was wißt Ihr über Mangas Coloradas von den Mimbreno, Häuptling?"

Geronimo lächelte stolz.

„Ich habe ihn gut gekannt und manchen Kriegszug unter seiner Führung mitgemacht."

Befriedigt nickte der Journalist.

„Ihr habt seinen Namen genannt, als wir uns über San Juan unterhielten. Darf ich mehr über ihn wissen?"

„Ho-o, die Tage einer Woche würden nicht ausreichen, wollte ich Euch alles erzählen, was ich über Mangas weiß und mit ihm zusammen erlebte. — Uebrigens, er besaß eine Mexikanerin zur Frau, Weiße Blume genannt. Ihre Schönheit übertraf noch jene der Apachenmädchen. Sie schenkte dem Häuptling viele Söhne und Töchter. Der älteste, Mangus, war mein Blutsbruder, und eines der Mädchen hat den berühmten Häuptling Cochise geheiratet."

Unter seinen Notizen und Zeitungsausschnitten besaß der Journalist einige Angaben über Mangas Coloradas. Dieser Mimbrenohäuptling war in seiner Art ein ganz außergewöhnlicher Mann gewesen. Von Gestalt ein Hüne, aber ebenmäßig gewachsen, geschmeidig und schnell wie ein Puma[1]. Das scharf geschnittene Gesicht, mit dem harten Mund und den blitzenden Augen wurde von einer hohen Stirn überwölbt. Sein ganzes Aussehen deutete auf eine willensstarke Persönlichkeit von unerschütterlicher Ruhe, deren in sich gekehrte Stärke an ein lauerndes wildes Tier gemahnte.

Auf dem Kriegspfade führte Mangas Coloradas die Apachen von Sieg zu Sieg, und in Unterhandlungen mit den Bleichgesichtern offenbarte der Mimbreno erstaunlich staatsmännisches Können. Dieser kluge, umsichtige Häuptling wußte Pläne zu entwerfen, die sich durch ihre listenreiche Anlage ebenso auszeichneten, wie durch ihr ständiges Gelingen. Zudem besaß Mangas Coloradas — der Häuptling mit den roten Aermeln — wertvolle menschliche Eigenschaften, war aber gleichzeitig brutal und grausam wie der Wildeste unter den Wilden. —

— Kein Wunder, daß es den Journalisten reizte, mehr über diesen Apachen zu erfahren.

„Hört die Geschichte, wie Mangas zu seiner Frau kam. Der Häuptling und die Weiße Blume haben sie mir wiederholt erzählt." —

*

Es mag noch vor meiner Geburt gewesen sein, als der junge Häuptling mit den roten Aermeln und seine Mimbrenokrieger einen Streifzug nach der Sonora unternah-

---

[1] Puma = Berglöwe.

men. Hunderte von Meilen legten sie auf ihren flinken Ponies zurück. Sie machten viel Beute und nie war es den mexikanischen Soldaten gelungen, ihrer habhaft zu werden. Auf dem Rückwege begriffen, stießen die Krieger an einem glutheißen Nachmittag auf eine einsam gelegene, stattliche Hazienda. Von einer hohen Adobemauer umringt, bildete das Gutshaus mit den vielen Stallungen und den armseligen Hütten der Vaqueros und Mozos[1] eine richtige Festung. Ausgedehnte Weideplätze, auf denen viel Vieh graste, breiteten sich um die Hazienda aus. Es war zur Zeit der üblichen „round-ups[2]", und nur wenige Viehhirten waren zu sehen. Die meisten von ihnen mochten wohl damit beschäftigt sein, die weiter entfernten Herden zusammenzutreiben.

Mangas sah, daß das Hoftor weit geöffnet war. Im Schatten einer Plantane dösten einige angehobbelte Pferde. Federvieh lief gackernd herum. Irgendwo bellte ein Hund. Zwei mit Hacken bewehrte Mozos, spitzkegelige Sombreros[3] auf den Köpfen, verließen den Hof und verschwanden abseits im Walde.

Die Hazienda gehörte Don Hernando, einem verwitweten mexikanischen General. Mit seiner bildschönen Tochter Angelita und dem Verwalter Gonzales, bewirtschaftete er den großen Betrieb und widmete sich vorab

---

[1] Mozo (span.) = Arbeiter.
[2] Round-up = das Vieh wird zusammengetrieben.
[3] Sombrero (span.) = spitzer Strohhut mit breitem Rand.

der Viehzucht. Im Reiten und Schießen ließ sich die junge Angelita von keinem Vaquero und keinem Soldaten etwas vormachen. Sie bändigte den wildesten Broncho[1] und traf den Adler im Fluge. — An diesem Nachmittag saß Don Hernando mit seiner Tochter auf der schattigen, dem Hoftor abgekehrten Veranda. Sie warteten auf den Verwalter, der mit seinen Männern bald zurückkehren sollte. — Seit vielen Jahren hatten die Apachenkrieger diese Gegend nie mehr berührt.

*

Mangas Coloradas pflegte die Ueberfälle peinlich genau vorzubereiten, um dann wie ein Blitz aus heiterem Himmel niederzufahren. Ungesehen und unbemerkt waren die Mimbreno so nahe als möglich an das Hoftor herangeritten. Vorausgeschickte Späher zu Fuß hatten die zwei im Walde verschwundenen Arbeiter aufgespürt und lautlos umgebracht. Schon hielt Mangas die Hand hoch, da begannen die Pferde unter der Platane plötzlich angstvoll zu schnauben. Der Häuptling zögerte einen Augenblick. Dann aber fuhr seine Hand herunter, und an der Spitze seiner Krieger galoppierte er dem offenen Tor entgegen. Wohl tauchten zwei erschrockene Wächter auf. Bevor die schlaftrunkenen Burschen zum Schusse kamen, lagen sie in ihrem Blute, und über ihre Leichen donnerten die Hufe der Indianerponies. — Jetzt über-

---

[1] Broncho = ungezähmtes Pferd.

stürzten sich die Ereignisse. Ein Teil der Apachen wandte sich gegen die Stallungen, um die Pferde herauszutreiben. Andere ritten nach den Hütten der Viehknechte und Landarbeiter. Der Rest, mit Mangas und dem Unterhäuptling Delgadito an der Spitze, stürmte in das Gutshaus.

Don Hernando und Angelita hatten den Lärm der heranbrausenden Reiter gehört.

„Ah, Gonzales ist zurückgekehrt", sagte der Herr und erhob sich aus seinem „mecedora"[1], „ich werde mal nachsehen."

Angelita spielte mit ihrer silberbeschlagenen Pistole und schaute dem sich entfernenden Haziendero nach. Plötzlich hörte sie den Vater im Innern des Hauses fluchen, dann schlug ein Körper schwer zu Boden. Erschrocken stand das Mädchen auf und wollte dem Gutsbesitzer nacheilen. Es hatte noch keine drei Schritte gemacht, da tauchte, wie aus dem Boden gewachsen, der Apache Delgadito vor ihm auf. Ein blutiges Messer blitzte in seiner hocherhobenen Faust.

Aber Angelita war mutig. Geistesgegenwärtig zog sie die Pistole, und im Rauch des krachenden Schusses sah sie den Indianer schmerzverzerrten Angesichts nach der Schulter greifen. Klirrend fiel das Messer auf den steinernen Flur.

---

[1] Mecedora (span.) = Schaukelstuhl.

Ehe sich Delgadito, kochend vor Wut und Schmerz, von neuem auf das Mädchen werfen konnte, erschien Mangas auf dem Schauplatz. Er sah das totenbleiche schöne Mädchen mit der rauchenden Pistole in der Hand. Er sah auch die Leiche des Haziendero und den blutenden Unterhäuptling, der mit einem wilden Schrei nach den Haaren der weißen Squaw zu greifen suchte.

Mit einem Faustschlag schleuderte er Delgadito zur Seite. Dann ergriff der Häuptling das Mädchen am Arm. Widerstandslos ließ es sich von ihm die Pistole abnehmen. Mangas winkte einem jungen Krieger. „Mein Bruder führe die Weiße Blume hinaus und sorge dafür, daß ihr kein Leid geschieht."

Verblüfft waren die Apachen Zeugen dieses unerwarteten Zwischenfalls geworden. Noch nie hatten sie es erlebt, daß der Häuptling ein Bleichgesicht verschonte, sei es nun Mann oder Frau gewesen. Mangas fühlte, daß er den Kriegern eine Erklärung schuldig war.

„Der Häuptling mit den roten Aermeln wird die Weiße Blume in seine Hütte führen. Sie ist schön und mutig. Ihre Söhne werden tapfer sein."

„Aber sie ist ein verfluchtes Bleichgesicht!" schrie der tödlich beleidigte Delgadito. Haß gegen den Häuptling sprühte aus seinen Augen.

„Hat es unter den Mimbreno nicht genügend schöne Mädchen?" warf ein älterer Krieger ein.

„Mangas wird mit der Weißen Blume seine Hütte teilen. Shi-go-sh-k'anni-sidja!"

*

Hoch schlugen die Flammen über der Hazienda zusammen, als die Apachen sich entfernten. Der Häuptling hielt die Spitze der unheimlichen Kolonne. Neben ihm ritt das gefangene Mädchen. Die jüngsten Krieger bildeten die Nachhut und trieben die erbeuteten Pferde und Ochsen vorwärts. Und mitten unter den andern ritt finstern Angesichts, die Schulterwunde mit einem Tuch verbunden, der Unterhäuptling Delgadito. Schwarze Gedanken durchzogen seinen Kopf. Mangas Coloradas mochte sich vorsehen!

„Die Heirat des Häuptlings mit einer Mexikanerin muß sicher bei einem großen Teil der Mimbreno heftigen Unwillen erregt haben", fragte der Journalist.

„Wir Apachen haben oft weiße Kinder in unsere Familien aufgenommen und mit wenig Ausnahmen wurden sie tüchtige Söhne oder Töchter des roten Volkes", antwortete Geronimo. „Die Mimbreno hätten bestimmt den Entschluß ihres Häuptlings von Anfang an respektiert, wenn nicht Delgadito gewesen wäre. Der Unterhäuptling hegte einen tödlichen Haß gegen das jungverheiratete Paar. Er ließ keine Gelegenheit außer acht, Mangas Coloradas offen oder heimlich zu schmähen und die Apachen gegen die Weiße Blume aufzuhetzen."

„Ah, ließ sich Mangas Coloradas solches Tun einfach gefallen? Versuchte er nicht seinen Feind in die Schranken zu weisen?"

Geronimo nickte.

„Der Häuptling mit den roten Aermeln war weise. Er wußte zu warten und seinen Feind zu beobachten. — Ich will euch erzählen, wie sich Mangas seines Gegners entledigte und dafür sorgte, daß die Weiße Blume als Frau des Häuptlings von jedermann geachtet und geliebt wurde."

*

Mangas Coloradas war es nicht entgangen, daß Delgadito namentlich die Eltern heiratsfähiger Apachenmädchen gegen ihn und seine bleichgesichtige Squaw aufstachelte. — Wie ein Wolf den gefährlichen Büffelbullen müde machen will, damit er ihm desto leichter zur Beute falle, so schürte Delgadito das Feuer der Auflehnung. Seine Worte fanden bei vielen Vätern und Müttern leichtes Gehör und als es ihm sogar gelungen war, den Medizinmann für seine hinterlistigen Absichten gefügig zu machen, glaubte Mangas den Zeitpunkt gekommen, um dem Treiben des Unterhäuptlings ein Ende zu bereiten.

Eines Abends, als er von der Jagd zurückkehrte, beobachtete er, wie Delgadito und mehrere Krieger, die der Häuptling zu seinen heftigsten Gegnern zählte, in der Hütte des Medizinmannes verschwanden. Klar wurde ihm in diesem Augenblick bewußt, daß er nun einschreiten mußte, wollte er nicht sich selber, seine Frau und die Einheit des Stammes in Gefahr bringen.

Nachdem er seine Beute versorgt und mit der Weißen Blume zusammen das Abendbrot verzehrt hatte, schmückte er sich mit den Zeichen des Häuptlings und suchte die Hütte des Medizinmanns auf. Die Verschwörer wähnten sich sicher und ihr Erschrecken war nicht gespielt, als der Fellvorhang unversehens auf die Seite geschoben wurde, und der Häuptling mitten unter ihnen stand.

Mangas Coloradas' unheilverkündende Miene sagte ihnen genug. Finster musterte er die um das prasselnde Herdfeuer sitzenden Männer, dann trat er vor den Zauberer.

„Seit wann ist es bei den Mimbreno Sitte, daß sich die Krieger versammeln, ohne daß der Häuptling davon weiß?" grollte seine Stimme.

Betretenes Schweigen. Unruhig rutschte der Medizinmann hin und her. Die Männer senkten beschämt ihre Köpfe.

„Mangas Coloradas hat gefragt! Findet keiner unter euch den Mut zu antworten?"

Endlich schaute Delgadito auf.

„Wenn der Häuptling nicht mehr weiß, was dem Stamme frommt und was eines Apachen würdig ist, dann müssen die Krieger zur Selbsthilfe greifen."

„Wessen werde ich angeklagt? Was habe ich verschuldet?"

Wie Peitschenhiebe schleuderte der Häuptling dem Aufrührer seine Frage entgegen. Drohend fuhr er fort: „Ueberlege deine Antworten gut, Delgadito. Sie könnten dich sonst teuer zu stehen kommen."

Unschlüssig sah der Häuptling auf den Medizinmann, als ob er von diesem Hilfe erwarte. Aber dieser alte Widersacher Mangas Coloradas hütete sich wohl, Delgadito seine Unterstützung zu leihen. Verlegen stocherte er im Feuer herum.

Des Häuptlings Augen sprühten Verachtung und wilden Zorn.

„Ihr elenden Nattern! Keiner wagt, mir ins Gesicht zu sagen, warum ihr euch hier zu heimlicher Verschwörung eingefunden habt. Nun, ich scheue eure Anklagen nicht. — Delgadito, rufe die Krieger und Frauen der Mimbreno zum Ratsfeuer. Dort wollen wir miteinander sprechen. Der ganze Stamm soll sehen, welch feige Coyoten[1] an seinem Herde nisten!"

*

Im Gegensatz zu vielen andern Indianerstämmen Nordamerikas, waren die Apachenfrauen in allen Stammesfragen den Männern gleichberechtigt. Sie nahmen an den Ratsverhandlungen teil, halfen mit, die Häuptlinge zu wählen und über Krieg oder Frieden zu entscheiden. Es gab unter den Apachenfrauen berühmte Rednerinnen und berühmte — Kriegerinnen. Wie am Ratsfeuer, beanspruchte die Apachenfrau ihr Recht mitzukämpfen und mitzuentscheiden auch auf dem Kriegspfade. Manche „story" kann von Squaws berichten, die mit Heldenmut und Todesverachtung zu kämpfen wußten.

*

Noch in der gleichen Nacht versammelten sich die Mimbreno um das Ratsfeuer. Bis zum Eintreffen des Häuptlings summte und brodelte es wie bei einem

---

[1] Coyote = Präriehund.

Bienenschwarm. Wohl keiner unter den Apachen war im Zweifel, warum der Häuptling sie zu noch so später Stunde hatte rufen lassen. Daß aber Delgadito, sein Hauptgegner und als Unterhäuptling einer der Würdenträger im Stamme, ohne Widerspruch sich herabgelassen, um das Amt eines Ausrufers zu versehen, das sonst nur alten, meist invaliden Kriegern zukam, erregte allenthalben Verwunderung.

Mangas Coloradas erschien. Zu seiner Rechten begleitete ihn Weiße Blume. Der Häuptling wies ihr einen Platz inmitten seiner Sippe, dann trat er vor sein Volk. Mit einem Schlage war es still geworden.

„Brüder und Schwestern von den Mimbreno", begann Mangas Coloradas seine Rede, „eine dunkle Wolke ist über unserem Stamme aufgezogen. Blitze zucken herab und drohen unser Volk zu spalten. Der Häuptling hat euch rufen lassen, damit ihr entscheiden sollt, was Recht und Unrecht ist. Laßt uns aber, bevor wir das Gespräch beginnen, die Pfeife rauchen und dem Herrn des Lebens Opfer bringen." Also geschah es.

Der Häuptling erhob sich wieder.

„Meine Brüder und Schwestern. Ihr habt vor Zeiten bestimmt, daß ich die Geschicke des Stammes leiten und am Ratsfeuer die Gespräche führen soll. Es hat sich aber gefügt, daß ich, ohne mein Wissen, in den Mittelpunkt einer tiefgreifenden Auseinandersetzung geraten bin. Laßt mich deshalb die Zeichen des Häuptlings ablegen und zurücktreten in den Kreis der Krieger. So es euch gefällig ist, wählt einen unserer besten Männer, damit er die Ratsversammlung leiten soll."

Mangas Coloradas entkleidete sich seiner Abzeichen, wischte die Farbe aus dem Gesicht, dann setzte er sich neben seine Frau. Mit steigender Verwunderung hatten die Apachen seiner Rede zugehört. Als er den Ring verließ, ging eine Welle lebhafter Beunruhigung durch die Teilnehmer. Noch nie hatten sie es erlebt, daß ein Häuptling auf seine Würde verzichtete. Die vorangegangenen Ereignisse mußten schwerwiegender sein, als die meisten von ihnen ahnten.

„Nashi-ni, der Medizinmann, soll an die Stelle des Häuptlings treten!" rief eine Stimme. Ein listiges Grinsen huschte über das falsche Gesicht des Aufgerufenen. Schon wollte er sich erheben, da war es — zur großen Ueberraschung aller — Delgadito, der dagegen Einspruch erhob.

„Wie kann der Medizinmann die Ratsversammlung leiten", fragte der Unterhäuptling, „wenn er selbst zu den schärfsten Gegnern Mangas Coloradas gehört?"

„Ho-o-o", murmelte die Menge erschrocken. Auch der Medizinmann war ein Feind des Häuptlings? Die Anklagen gegen Mangas mußten schwerwiegend sein!

„Rufen wir Pollero, den alten Kriegshäuptling!" schlugen einige vor. Von Beifallkundgebungen empfangen, erschien der weißhaarige, narbenbedeckte Krieger vor dem Ratsfeuer.

„Pollero ist alt, meine Brüder und Schwestern", begann er seine Rede, „aber seine Augen sind noch so scharf, wie die des Kriegsadlers, und seine Ohren vernehmen nachts den Flügelschlag der Fledermaus. Pollero hat in letzter Zeit viel gesehen und gehört, was sein Herz mit schwerer Sorge erfüllte. Ein schlimmer Feind bedroht die Mimbreno: die Uneinigkeit! Mangas Coloradas hat wohl getan, die Apachen zur Beratung zusammenzurufen. Gemeinsam wollen wir entscheiden und mit unserem Richterspruch dafür sorgen, daß Zwist und Hader aus dem Stamme fliehen. Shi-go-sh-k' anni-sidja."

Tiefe, erwartungsvolle Stille folgte seinen Worten. Aengstliche Blicke trafen den alten Krieger. Wah! Unfrieden im Stamm bringt Unglück über das Volk!

„Delgadito möge sich erheben und vorbringen, wessen er Mangas Coloradas beschuldigt", forderte Pollero den Unterhäuptling auf. Der Angerufene erhob sich und schritt in die Mitte.

„Mangas Coloradas hat die Gesetze des Stammes verletzt. Nie zuvor hat ein Häuptling seine Hütte mit einem Bleichgesicht geteilt. Sind die Mädchen der Mimbreno weniger schön als die Weiße Blume? Warum verschmäht der Häuptling unsere Töchter? Warum bevorzugt er eine Squaw, die unseren ärgsten Feinden angehört? Viele tapfere Krieger grollen Mangas Coloradas und fordern durch den Mund Delgaditos, daß er entweder seine Frau verbanne oder die Würde des Häuptlings einem Besseren zur Verfügung stelle!"

Eine ältere Frau meldete sich zum Wort.

„Der Unterhäuptling hat richtig gesprochen. Die Weiße Blume ist ein Bleichgesicht. Wohl kleidet sie sich nach unserer Sitte. Wird aber ihre Haut deswegen rot? Sie bemüht sich, unsere Sprache zu lernen. Wird sie deswegen eine Mimbreno? Nie und nimmer! Ewig bleibt sie eine Weiße, in ihrem Aeußern und in ihrem Herzen. Die Heirat des Häuptlings war ein Faustschlag in das Gesicht der Frauen und Mädchen. Wir fordern den Tod der Weißen Blume. Vorher wird bei den Apachen nicht mehr Friede sein."

Unterdrücktes Beifallsgemurmel begleitete die Frau an ihren Platz. Weiße Blume mochte noch nicht alles verstanden haben, aber sie fühlte, daß sie die Ursache der Entzweiung war. Tief hielt sie ihren Kopf gesenkt, und traurig blickten ihre Augen. Mangas sah stumm vor sich hin. Die zu Fäusten geballten Hände ruhten auf den Knien. Seine in sich gekehrte Ruhe verriet äußerste Entschlossenheit.

Jetzt stand Nashi-ni, der Medizinmann auf. Vorsichtig hatte er sich bis jetzt zurückgehalten, um zu erfahren, welcher Art die Stimmung des Volkes sei. Da er nun das Wort ergriff, glaubte er guten Grund zu haben, Mangas

Coloradas entgegenzutreten. Er pflanzte sich vor dem Häuptling auf.

„Nashi-ni will euch ein Gleichnis erzählen. Hört gut zu, dann wird euch der Entscheid nicht schwer fallen. — Ein junger Puma fand eine kleine Klapperschlange. Er erbarmte sich ihrer und führte sie zu seiner Sippe. ‚Diese Schwester hier', erklärte er, ‚fand ich einsam und verlassen. Wir wollen sie aufnehmen bei uns und sie als unsereinen behandeln.' Wohl warnte ein alter Puma: ‚Schlangen bleiben immer Schlangen, auch wenn sie die Milch des Berglöwen trinken.' Da er aber alt und zahnlos war, lachten ihn die andern aus. Die Pumas hießen die Klapperschlange in ihrer Sippe willkommen. Sie gedieh und wurde groß und stattlich, aber nichts deutete darauf hin, daß sie ihre Gestalt verändern würde. Wieder warnte der alte Puma, und neuerlich lachten sie ihn aus. Als die Klapperschlange erwachsen war, und die Härte ihrer Giftzähne spürte, vergaß sie alle die Guttaten, die sie erfahren hatte. In einer finsteren Nacht glitt sie von einem Puma zum andern, und bei jedem bohrte sie ihre Zähne tief in die Kehle hinein. Zuletzt tötete sie den alten, zahnlosen Puma. Vorher aber sprach sie zu ihm: ‚Du hast richtig gesprochen, Alter. Aus einer Klapperschlange wird nie ein Puma! Weder eure Milch, noch eure Wärme konnten mein Wesen verändern. Du alter Tor, wären deine Krallen noch scharf gewesen, du hättest mich töten können. Aber jetzt mußt du das Schicksal der andern teilen.' Dann biß sie zu. — Brüder und Schwestern von den Mimbreno! Verschließt eure Sinne nicht vor der Wahrheit dieser Geschichte. Zertretet die Klapperschlange, die sich in unser Dorf geschlichen hat. Bestraft den Apachen, an dessen Seite sie sich wärmt und von dessen Speise sie ißt! Shi-go-sh-k' anni-sidja!"

Er humpelte zurück an die Seite Delgaditos. Sein verschlagenes Gesicht glänzte vor Freude, als die ersten Rufe ertönten: „Tod der Weißen Blume!"

„Fort mit Mangas Coloradas, dem Verräter!"

Abwehrend breitete Pollero die dürren Arme aus.

„Haltet ein, ihr Brüder und Schwestern! Noch hat der Häuptling nicht gesprochen. Erst wenn wir ihn angehört haben, soll der Richterspruch gefällt werden."

Ruhig betrat Mangas den Platz. Er schaute sich um, als wollte er abschätzen, wer für und gegen ihn sei.

Dann begann er seine Rede.

„Unser Schicksal liegt in den Händen des Herrn des Lebens, meine Brüder und Schwestern. Niemand unter uns kann etwas tun oder lassen, ohne das Einverständnis des obersten Gottes. Ist es nicht so, Mimbreno?"

„Richtig gesprochen", ertönte das Echo.

„Dem Herrn des Lebens hat es gefallen, daß die Weiße Blume den Weg des Häuptlings kreuzte. Als Mangas Coloradas sie zum erstenmal erblickte, hörte er sein Herz sprechen: ‚Führe diese Weiße Blume in deine Hütte! Sie ist tapfer und wird dir eine gute Frau sein.' — Daß sie tapfer ist, hat sie in ihrem Kampfe mit Delgadito bewiesen. Daß sie eine gute Frau ist, kann meine Sippe bezeugen. Nashi-ni hat es für gut befunden, die Weiße Blume mit einer Klapperschlange zu vergleichen. Ihr kennt meine Frau, Brüder und Schwestern! Fragt euer Gewissen: Hat sie etwas mit einer falschen, hinterlistigen Schlange gemein? —

Mimbreno! Ist einer unter euch, der dem Häuptling vorwerfen könnte, er habe seit seiner Heirat mit der Weißen Blume die ihm zukommenden Pflichten vernachlässigt?

Ihr wißt, auch bei unseren Brüdern, den Mescalero, den Chiricahua und noch bei anderen Stämmen der Apachen, sind Bleichgesichter groß geworden. Nie hat man davon gehört, daß sie zu Verrätern wurden.

Mangas Coloradas wird eurem Entscheid nicht ausweichen. Vernehmt meinen Vorschlag: Der Häuptling will morgen, wenn Nayenaezghani seine ersten Strahlen über das Land schickt, zum Zweikampf gegen Delgadito antreten. Dieser Kampf soll auf Tod und Leben gehen. Wenn es der Herr des Lebens fügt, daß Mangas besiegt wird, soll mit der Weißen Blume geschehen, wie es Delgadito für gut findet. Bleibt aber mein Gegner auf dem Kampfplatz, wird Mangas Coloradas wieder Häuptling und seine bleichgesichtige Squaw von allen Apachen als dem Stamme zugehörig betrachtet."

*

„Hat dieser Zweikampf wirklich stattgefunden?" forschte der Journalist voller Spannung.

„Er wurde so ausgefochten, wie es der Häuptling vorgeschlagen hatte. Nur mit einem Messer bewaffnet, standen sich Mangas und Delgadito gegenüber. Der Kampf zog sich weit in die Stunden des Vormittags hinein, bis Delgadito mitten ins Herz getroffen zu Boden sank."

„Und der Medizinmann?"

Geronimo lächelte.

„Als man ihn holen wollte, das Urteil des Herrn des Lebens zu bestätigen, war er verschwunden. Man hat nie wieder etwas von Nashi-ni gehört."

„Also hat er sich selber für schuldig befunden und die Rache der Mimbreno gefürchtet. So war es doch, Häuptling?"

„So war es! Und jetzt noch etwas: Wie sein Bruder, Häuptling San Juan, hielt anfänglich auch Mangas Coloradas mit den ‚americanos' gute Freundschaft. Erst als James Johnson und seine Kumpane ihr Verbrechen verübten, wurde der Häuptling mit den roten Aermeln zu einem glühenden Hasser gegen alles was bleiche Hautfarbe trug."

„Aber seine Frau war doch auch ein Bleichgesicht,

Häuptling! Wie reimt sich das zusammen?"

Geronimos Augen flammten auf.

„Sie w a r ein Bleichgesicht gewesen! Als Häuptlingsfrau wurde sie eine gute Apachin und hat zeit ihres Lebens die Taten der Bleichgesichter verabscheut."

Er raffte seine Decke zusammen und schüttelte den Weißen die Hände. „Es ist Zeit, mich zu verabschieden. Morgen werde ich euch die Geschichte von Santa Rita del Cobro erzählen."

Santa Rita del Cobro

James Johnson und sein Kumpan Gleason hatten sich, nachdem ihnen in Santa Fé das Blutgeld für die Ermordung San Juans ausbezahlt worden war, wieder nach dem Indianerlande gewandt. Ihr Ziel hieß Santa Rita del Cobro, — eine reiche Kupfermine in der großen Wüste im Süden New Mexicos. — Außer einigen amerikanischen Ingenieuren, wurden dort ungefähr vierhundert Mexikaner unter Tag beschäftigt. Die meisten Bergarbeiter hatten ihre Familien mitgebracht und sich im Laufe der Zeit seßhaft gemacht.

Mit Mauleselkarawanen pflegte man jeweils das Kupfererz nach der einige hundert Kilometer entfernten Stadt Chihuahua zu transportieren, wobei auf dem Rückwege der lebensnotwendige Proviant für die Bevölkerung herbeigeschafft wurde. Die Karawanenspur, mitten durch die glühende Steinwüste, war die einzige Verbindung mit der Außenwelt. In Santa Rita gedieh nichts. Kein grünes Pflänzlein, kein Baum, kein Busch. Nur der große, stachelbewehrte Kaktus reckte da und dort seine ungefügen Arme der unbarmherzig scheinenden Sonne entgegen. Ein trostloser Ort in einer trostlosen Einöde.

Diese Kupfermine in der Wüste lag aber — und es ist wichtig, das zu wissen! — im Hoheitsgebiet der

Mimbreno-Apachen, die vom Häuptling Mangas Coloradas angeführt wurden! Bisher hatte der Häuptling diesen Stützpunkt der Weißen unbehelligt gelassen, wohl deshalb, weil er wußte, daß dort einige „americanos" die Oberaufsicht führten. Ungehindert durften die Karawanenzüge passieren. Wohl tauchten hin und wieder berittene Apachen auf und beobachteten die lange Reihe der mühsam dahinrollenden Wagen. Aber nie wußten die Führer und Treiber von feindlichen Angriffen zu berichten.

Dieser Zustand änderte sich von dem Augenblick an gründlich, als die feige Mordtat an San Juan geschehen war.

*

Johnson und Gleason verließen das Büro des leitenden Ingenieurs. Unter der Türe wandten sie sich nochmals um.

„Many thanks, mister[1]! Morgen früh werden wir uns der Karawane anschließen. Wir sind froh deswegen, denn unsere Geschäfte in Chihuahua dulden keinen Aufschub!"

„Schon recht, meine Herren. Eilt jetzt zu Sennor Velasquez, er wird die Karawane führen. Meldet euch bei ihm. Wünsche gute Reise, good bye!"

---

[1] Vielen Dank, Herr (engl.).

Kurz nach Mitternacht brach die Karawane auf. Einer hinter dem andern rasselten die vollbeladenen und von Mauleselgespannen gezogenen Karren in die sternenglitzernde Nacht hinaus. Schwerbewaffnete Reiter, unter ihnen Johnson und Gleason, begleiteten zu beiden Seiten den Wagenzug.

Im bunten Durcheinander sahen Minenarbeiter und die in ihre „rebozos"[1] eingehüllten Frauen dem Abmarsch zu. Bleich schimmerten die kalkgetünchten weißen Häuser der Grubenstadt. Abschiedsrufe klangen auf.

„Gute Reise, Pepe, und komm gesund wieder zurück!"

Als letzter bestieg Velasquez sein Pferd. Er winkte dem Oberingenieur fröhlich zu, rief dem Kundschafter, der abschiednehmend mit der drallen „chica"[2] von der nahen Taverne tändelte. Dann spornte er sein Pferd. „Adelante!"[3]

Bald hatten Nacht und Wüste die schwankenden Schattengestalten der letzten Reiter verschluckt. Einzig das immer schwächer werdende Rumpeln der Karren hallte noch eine Weile nach. Dann erstarb auch dieses Geräusch. Fröstelnd entfernten sich Männer und Frauen. Im Osten dämmerte bereits der nahe Tag.

*

Das war für viele Jahre die letzte Karawane gewesen, die Santa Rita verlassen hatte. Nach zwei Tagen schon,

---

[1] Rebozo (span.) = Umschlagtuch.

[2] Chica (span.) = dralles Mädchen.

[3] Adelante (span.) = Vorwärts!

als sie sich anschickten, die grellfarbenen Tafelberge, die dieser höllischen Wüste ihr Gepräge gaben, unter Aufbietung jeder erdenklichen Vorsicht zu durchqueren, gerieten Reiter, Roß und Wagen in einen Hinterhalt. Das Gemetzel dauerte nur kurze Zeit. — Die aufs höchste gereizten Krieger Mangas Coloradas' banden alle überlebenden Verwundeten und selbst die Gefallenen an die Wagenräder. Dann wurden die Karren angezündet. Mit wildem Gejohle umkreisten die Apachen die schaurige Szene und ergötzten sich an den qualvollen Schreien der Sterbenden. Johnson und Gleason waren schon zu Beginn des Ueberfalles schwer verletzt worden. Sie endeten an den Wagenrädern, wie ihre unschuldigen Reisegefährten. Wohl zu ihrem Glücke! Hätte Mangas Coloradas eine Ahnung gehabt, daß die beiden Mörder sich unter den Ueberfallenen befunden, — er würde sie mitgenommen und gesund gepflegt haben, um sie später eines um so gräßlicheren Martertodes sterben zu lassen! Nun war die Tat an San Juan gesühnt. Aber bei weitem noch nicht das Verbrechen an seinem Volke. Ehe nicht mindestens zehn Bleichgesichter für einen Apachen getötet, gab Mangas Coloradas keine Ruhe. Und für diesen Blutpreis reichte auch die Bevölkerung von Santa Rita nicht aus!

*

Als die Karawane aus Chihuahua innerhalb der vorgeschriebenen Zeit nicht zurückkehrte, wurde man in der

Minenstadt unruhig. Immer und immer wieder suchten die Ingenieure mit ihren Fernrohren den Horizont ab! Vergeblich! Späher wurden ausgeschickt, — ohne Ergebnis! Die Lebensmittel gingen rasch zur Neige. Panik bemächtigte die Bevölkerung. Vor dem Büro der Verwaltung kam es zu verzweifelten Szenen.

Der Oberingenieur hatte sich längst mit dem schrecklichen Gedanken vertraut gemacht, daß die Karawane jedenfalls den Apachen zum Opfer gefallen war. Ein anderer Grund für ihr Ausbleiben schien ihm unerfindlich zu sein. Velasquez, der Karawanenführer verdiente volles Vertrauen. Die übrigen Begleiter ließen sämtliche ihre Angehörigen zurück. Keiner war unter ihnen, dem man ein übles Spiel hätte zutrauen können. Blieben noch die beiden Amerikaner! Sollten die zwei etwa mit einer Bande der Apachen im Einvernehmen gestanden haben? Der Oberingenieur verwünschte sich, daß er ihnen die Erlaubnis zum Mitreisen gegeben hatte.

War die Karawane überhaupt bis Chihuahua gekommen? Oder wurden sie auf dem Rückwege überfallen? Niemand wußte es zu sagen.

Die Lage verschlimmerte sich beängstigend. Und eines Tages blieb den Leuten von Santa Rita nichts weiteres mehr übrig, als entweder an Durst oder Hunger zu Grunde zu gehen, oder aber, verproviantiert mit den wenigen, übriggebliebenen Lebensmitteln, den Weg nach Chihuahua unter die Füße zu nehmen.

Der leitende Ingenieur entschloß sich zum letzteren, wohl wissend, daß ihnen nur eine geringe Chance blieb, ihr weit entferntes Ziel zu erreichen. Notgedrungen mußte er sich an die Spuren der Karawane halten. Ein Abweichen von diesem Weg würde sie unweigerlich in die Verirrung und damit dem grausamen Wüstentode durch Durst und Hunger ausgeliefert haben.

Die Amerikaner ritten an der Spitze. Hinter ihnen folgte der lange erbarmungswürdige Zug der Männer, Frauen und Kinder. Kranke und Gebrechliche waren auf die wenigen Karren verladen worden.

„Wenn wir dieser Spur folgen, Sir", wandte sich einer der Ingenieure an seinen Vorgesetzten, „und die Apachen haben unsere Karawane tatsächlich überfallen, dann geraten wir in den gleichen Hinterhalt."

Der Oberingenieur zuckte müde mit den Schultern.

„Wohl möglich, Smith. Was aber, wenn wir uns verirren? Wir würden alle verschmachten. Uns bleibt lediglich die Hoffnung, daß die Apachen sich längst vom Schauplatz des Ueberfalles entfernt haben." Stumm kroch die Menschenschlange in die heiße Wüste hinein. Gnadenlos brannten die glühenden Sonnenstrahlen auf die erschöpften Leute nieder. Immer häufiger sanken Frauen ohnmächtig zu Boden und konnten nur mit Mühe wieder zum Weitergehen veranlaßt werden. — Nach vier Tagen dieses Elendsmarsches tauchten in der Ferne die Tafelberge auf.

„Jetzt naht die Entscheidung", murmelte der Anführer, „heute vormittag haben wir den letzten Tropfen Wasser ausgegeben. Was werden wir in den Bergen finden? Wasser oder — Apachen!"

*

Die Mimbreno sahen mit düsteren Augen auf die näherkommende Karawane. Sie hatten genügend Zeit gefunden, die Spuren des ersten Ueberfalls wegzuräumen, obwohl ihnen die heranwankenden Weißen auch ohne diese Vorsichtsmaßnahme eine sichere Beute geworden wären.

Die Bleichgesichter traten in die Schlucht. Zum erstenmal seit ihrem Abmarsch in Santa Rita umfing sie wohltuende Schattenkühle. Als der letzte Wagen unter den überhängenden Felswänden in das Engnis eingefahren war, trillerte plötzlich der bluterstarrende Kriegsruf der Apachen. Mangas Coloradas hatte ihn ausgestoßen. Im gleichen Augenblick deckte eine Wolke von Pfeilen die Weißen zu. Steinlawinen krachten in die entsetzte, sich zusammendrängende Menge hinein. —

Das Verhängnis nahm einen raschen Verlauf. Wenige Minuten nach dem Ueberfall war der Boden bedeckt mit den Leichen der Bevölkerung von Santa Rita. Die Apachen kümmerten sich weiter nicht um sie und verschwanden im aufwirbelnden Staub des ausgedörrten Wüstenbodens. Hoch oben im gleißenden Himmel drehte ein Geier seine Kreise. Von ferne winselten Coyoten...

*

Innerhalb der nächsten zwölf Jahre wagte sich kein Weißer mehr in diese riesige, von den Mimbreno beherrschte Einöde. Höchstens, daß ein Missionar aus dem nahen Mexiko das gefährliche Gebiet so rasch als möglich durchquerte. Santa Rita del Cobro lag einsam und verlassen. Vor den Mauern seiner zerfallenen Häuser türmten sich Staub und Sand zu mannshohen Wächten. Die hölzernen Pfeiler in den Bergstollen vermoderten. Nichts mehr schien den Untergang der einst blühenden Kupfermine aufhalten zu können.

Von 1846—1848 erschütterte der Krieg zwischen Nordamerika und Mexiko den Südwesten. Die Apachen hielten sich klugerweise außerhalb dieser Auseinandersetzung. In den Friedensverhandlungen mußten sich die besiegten Mexikaner bereit erklären, Arizona und New Mexico an die Vereinigten Staaten abzutreten. Als die Amerikaner das neu erworbene Land betraten, fanden sie nur die beiden Städtchen Santa Fé und Tucson von wenigen Weißen bewohnt. Alles andere war Wildnis geworden, — lebensgefährlich für jeden weißen Mann. Es gab keine Wege, keine feste Einrichtungen. Schwer bewaffnete Armeepatrouillen durchstreiften die Gebiete. Da und dort baute man dürftig befestigte Forts und belegte sie mit kleinen Besatzungen. —

Inzwischen war aber in Kalifornien Gold gefunden worden. Wie eine Seuche breitete sich diese Nachricht aus und war trotz Wüste und Indianer bald einmal auch in Santa Fé bekannt und setzte im Nu den ganzen nordamerikanischen Osten in Fieber.

Auf nach Kalifornien!

Auf, nach dem Sacramento-Tal, wo das gleißende Metall auf seine Entdecker wartet! Gold! Gold!

*

Noch war die neue amerikanische Verwaltung, die Arizona und New Mexico unter ihre Fittiche nehmen sollte, nicht eingetroffen; noch hatte man die endgültigen Grenzen zwischen den USA und Mexiko nicht festgelegt, da fluteten schon die ersten Wellen goldgieriger Abenteurer durch das Apachenland. Aufs neue wurden die Indianer bis aufs Blut gereizt, und wiederum waren Ueberfälle, Mord und Todschlag an der Tagesordnung.

Aber deswegen ließen sich die Goldsucher nicht abhalten. Ihre Sucht nach Reichtum, genährt und gefördert durch phantastische Berichte aus Kalifornien, verschüttete jegliche Bedenken. In immer größerer Zahl überschwemmten sie den Südwesten, den die Apachen mit gutem Recht als ihr Eigentum betrachteten.

Im Jahre 1851 erwachte auch das verlassene Santa Rita del Cobro zu neuem Leben. Unter der Leitung von John R. Bartlett hatte sich dort eine amerikanische Grenzkommission eingefunden und die zerfallene Kupfermine als ihren Standort gewählt. John R. Bartlett war von der Regierung in Washington beauftragt worden, in Zusammenarbeit mit den Mexikanern die neue Landesgrenze festzulegen. Zu seinem Schutze hatte man ihm ein Regiment gut bewaffneter Soldaten mitgegeben.

Diese Tatsache vorab schien Mangas Coloradas bewogen zu haben, mit den Amerikanern vorläufig gute Beziehungen zu unterhalten. Seine mit Pfeil und Bogen ausgerüsteten Krieger hätten trotz aller Tapferkeit gegen das waffenstarrende Truppenlager in Santa Rita nichts ausrichten können. Also entschloß sich der Häuptling zu friedlichen Verhandlungen.

Eines Tages erschien er an der Spitze seiner besten und ausgesuchtesten Kämpfer vor Mr. Bartlett und bot ihm einen Waffenstillstand an. Der Amerikaner, beeindruckt durch die imposante Erscheinung des Apachenführers, setzte sich mit den Mimbreno ans Ratsfeuer. Nach langwierigen Gesprächen kam endlich ein Friedensvertrag zustande. Mangas Coloradas hielt sich von da an peinlich genau an die getroffenen Vereinbarungen. John R. Bartlett war nicht minder daran gelegen, den Frieden aufrecht zu halten. Aber unter seinem großen Gefolge befanden sich einige Männer — es war immer die gleiche Geschichte! — die sich einen Teufel darum kümmerten. Schon wenige Wochen nach Friedensschluß wurde ein junger Apache von weißen Rowdys niedergeschossen. Zornbebend ritt Mangas Coloradas zu Bartlett und machte ihm heftige Vorhaltungen. Es gelang dem Amerikaner nur mit größter Mühe, diesen Zwischenfall beizulegen. — Kurze Zeit später begaben sich einige Apachen nach Santa Rita, um mit den Soldaten Waren einzutauschen. In ihrer Begleitung befand sich ein mexikanischer Knabe, der einst auf einem Streifzug gefangengenommen und dann vom Stamm auferzogen wurde. Dieses Knaben wegen entspann sich nun ein heftiger Streit zwischen den Apachen und den mexikanischen Mitgliedern der Grenzziehungskommission, der damit endete, daß die eingreifenden Soldaten den Knaben trotz seines Widerstandes von den Angehörigen trennten und ihn den Mexikanern übergaben.

Diesmal schickte Mangas Coloradas seinen Sohn Poncé nach der Minenstadt, um den Knaben wieder zurückzuverlangen. Wohl berief sich der junge Apache auf den Friedensvertrag und auf die Tatsache, daß der Knabe selbst nichts sehnlicheres wünschte, als wieder zu den Mimbreno zurückzukehren. Er stieß auf taube Ohren. Bartlett war an jenem Tage zufälligerweise nicht zugegen und sein Stellvertreter weigerte sich, den Knaben herauszugeben.

Ein Zwischenfall folgte dem andern und nur den aufrichtigen Bemühungen Mangas Coloradas und Bartletts gelang es immer wieder, den wackligen Frieden neu zu stützen.

Aber da war noch etwas anderes, das dem Apachenhäuptling schwere Sorgen machte: der unaufhaltsame Zustrom weißer Siedler! Beinahe über Nacht schossen allenthalben neue Forts, Städte, Farmen und einsam gelegene Schenken aus dem Boden. Straßen wurden gezogen und Fähren gebaut. In den Wäldern knallten die Flinten der Jäger. Auf den Flüssen rauschten die schweren Boote der Fischer. Nach Silber und Gold suchende „Prospektoren" durchstreiften das Land. Viehzüchter machten sich breit. Stacheldraht wurde gezogen, — kurz, die Zivilisation breitete sich aus!

Noch war es Mangas bis jetzt gelungen, sein Stammesgebiet von den Weißen einigermaßen „rein" zu halten, aber die östlich benachbarten Stämme schickten ihm zahlreiche Hilferufe, ihnen im Kampfe gegen die anbrandende Flut zu helfen. Der Mimbreno fühlte sich an den mit Bartlett eingegangenen Vertrag gebunden, sein Herz jedoch blutete ob dem Ungemach, das seine Brüder im Osten betroffen. In diese scheinbar auswegslose Lage platzte unversehens die Nachricht: „Bartlett wurde abberufen!"

Schon längst hatten die Weißen in Santa Rita des Häuptlings Friedensbereitschaft als Schwäche ausgelegt. Als nun Bartlett und der größte Teil der ihm mitgegebenen Soldaten den Südwesten verließen, galt der abgeschlossene Waffenstillstand keinen Cent mehr. Jetzt wurden die Indianer wieder vogelfrei. Die Gewalttaten häuften sich.

Mangas Coloradas versuchte das Letzte. Noch einmal ritt er, diesmal allein, nach Santa Rita, um mit den Weißen vernünftig zu sprechen. Was ihm dort widerfuhr, genügte einmal mehr, einen Indianerkrieg von schrecklichster Wildheit zu entfesseln.

Eine folgenschwere Mißhandlung

Die Amerikaner hatten aus Santa Rita del Cobro eine wüste Bretterbudenstadt gemacht. Ausgedehnte Reihen von „saloons"[1], in denen der Abschaum der Grenze spielte, trank und sich mit Mädchen vergnügte, breiteten sich aus. Da und dort traf man auch auf einen „store" in dem Waffen, Goldgräberausrüstungen, Tierfallen und anderes mehr verkauft wurden. In den Gassen wälzte sich ein buntscheckiges Publikum. Cowboys in ihren Fellhosen saßen hoch zu Pferde. Kugelgespickte Gürtel wanden sich um ihre Lenden, und schwere Revolver baumelten an der Seite. Farbenfroh gekleidete Vaqueros mit mächtigen Silbersporen und hohen, mit klingelnden Silbermünzen geschmückten Sombreros auf den Köpfen, stolzierten breitspurig und lärmend von Schenke zu Schenke. Hin und wieder sah man eine Gruppe Puebloindianer. Sie trugen das schwarze Haar kurzgeschnitten. Dunkle Rehaugen leuchteten aus den schönen, freundlich lächelnden Gesichtern. Prächtige Decken zierten ihre schmalen Schultern. Sie versuchten ihre kunstvollen Töpfereien, meistens Vasen und Schalen, zu verkaufen.

Das Erscheinen des gefürchteten Apachenhäuptlings erregte großes Aufsehen. Unbekümmert um die ihn an-

[1] Saloon (engl.) = Kneipe.

gaffenden Bleichgesichter, lenkte er sein prächtiges Pferd nach dem Verwaltungsgebäude und begehrte Einlaß.

Der wachthabende Soldat fällte sein Gewehr.

„Was willst du, Rothaut?" schnarrte er barsch. Mangas Coloradas schenkte dem frechen Ton keine Beachtung. Immer noch im Sattel sitzend, erkundigte er sich nach dem „weißen Häuptling". Drohend schwang der Soldat seine Flinte.

„Scher dich zum Teufel! Hier ist kein ‚weißer Häuptling', und du fällst mir lästig. Go on!"

Eine große Menschenmenge hatte sich um die beiden versammelt und folgte mit offenem Vergnügen dem Gespräch. Als der Soldat den Häuptling wegwies, rief eine heisere Stimme:

„Gut gesagt, Joe! Kitzle ihn doch ein wenig mit deinem Bajonett!" Ein anderer ergriff die Zügel des Pferdes und starrte den Häuptling lange an. Als er endlich seinen Mund öffnete, wich Mangas vor dem entweichenden Schnapsgeruch unwillkürlich zurück.

„Haha", lachte der Amerikaner gröhlend, „nur nicht so zimperlich, Rothaut. Sag mal, bist du nicht der Häuptling mit den roten Aermeln, vom Stamme der Mimbreno?"

„Du sagst es", erwiderte Mangas Coloradas ruhig.

Eine Blutwelle schoß dem Angetrunkenen ins Gesicht. Seine Stimme überschlug sich.

„So, dann bist du also der elende Mörder, der vor Jahren die ganze Bevölkerung von Santa Rita umgebracht hat! Herunter vom Pferde, du Hund!"

Er wandte sich an die umstehenden Gaffer.

„Soll dieser rothäutige Bandit unbehelligt aus Santa Rita wegziehen können, damit er weiter unsere Brüder und Schwestern tötet? Los, wer ein Christenmensch ist, hilft wacker mit, an diesem Kerl zu vergelten, was er den Weißen zufügte."

Die aufgereizte Menge ließ sich nicht zweimal bitten. Wohl wehrte sich der riesige Indianer aus Leibeskräften gegen seine Feinde und manch einer flog, von einem gut gezielten Fußtritt oder Fausthieb getroffen, wirbelnd in den Staub. Zuletzt erlag er doch der Uebermacht. Mit gefesselten Händen stand er keuchend vor dem Pöbel. Durch den Lärm angelockt, erschienen einige Offiziere auf dem Platz.

„Was geht da vor?" erkundigte sich ein Oberst.

Die Männer heulten und schwatzten durcheinander. Trotzdem war Oberst West rasch im Bilde. Hohnlächelnd grinste er den blutenden Häuptling an.

„Gut, besorgt ihm eine Tracht Prügel, Leute. Gebt es ihm tüchtig, aber paßt auf, daß er nicht verendet. Ich will seinetwegen keine Scherereien haben, verstanden!"

„Yes colonel!"

„Si, mi colonel!"

„Hipp — hipp hurra für Oberst West!"

Der Offizier dankte geschmeichelt.

„A propos, gentlemen", wandte er sich an einige Cowboys, „gehört der Gaul dort dem Apachen?" Er wies auf das Pferd des Häuptlings. „Ja, auf diesem Hengst kam er geritten."

West überlegte kurz.

„E-hem, mir scheint, das Pferd ist nicht auf der Weide der Apachen gewachsen. Da wir seinen rechtmäßigen Besitzer nicht kennen, führt es in meinen Stall. Die Armee wird das Tier übernehmen, good bye!" Er schnippste an sein Käppi und trollte sich mit seinen Herren. — Den Häuptling führte man zu einem Minenstollen und band ihn, das Gesicht gegen die Wand, am Türbogen fest. Sein ledernes Oberhemd wurde mit einem Messer aufgetrennt und vom Körper gerissen. Dann klatschten die Ochsenziemerschläge auf den bloßen Rücken, bis das Blut in Strömen niederrann.

Mangas verbiß die gräßlichen Schmerzen. Kein Schrei, kein Stöhnen entwich den zusammengepreßten Lippen. Dann banden sie ihn los und von ihren Steinwürfen gejagt, wankte er in die Wüste hinaus.

*

Zum zweitenmal nahm der Häuptling mit den roten Aermeln Rache an den Bleichgesichtern. Aus seinem Lager eilten Boten zu allen benachbarten und befreundeten Stämmen. Willig gehorchten die meisten Häuptlinge dem schon längst erwarteten Rufe. An der Spitze von rund fünftausend Apachenkriegern warf sich Mangas Coloradas gegen die Weißen. Wie ein Ungewitter fiel er über seine Feinde her und zahlte die ihm zugefügte Schmach hundertfach zurück. Schrecklich wütete der Krieg. Innerhalb Jahresfrist war alles das zerstört und vernichtet, was die Amerikaner aufgebaut hatten. Santa Rita fiel von neuem dem Zerfall zum Opfer. Wohl jagten die besten Truppen von USA den Häuptling. Statt ihn aber zu erwischen, erlitten sie selbst Niederlage um Niederlage. Die Verbindung mit Kalifornien riß ab. Der Postkutschenbetrieb mußte eingestellt werden. Das Schicksal wollte jenen Weißen gut, die bei einer Begegnung mit den Apachen sofort getötet wurden. Unbeschreibliche Torturen warteten auf die Gefangenen, bis der Tod sie erlöste.

1861, im Frühling, brach der Bürgerkrieg zwischen den Nord- und Südstaaten aus. Washington zog den größten Teil seiner regulären Truppen aus dem Südwesten zurück und überließ die Bekämpfung der Apachen den allenthalben sich bildenden Freiwilligen-Regimentern. Mangas Coloradas spielte mit diesen mehrheitlich ungeübten und undisziplinierten „volunteers"[1] Katze und Maus. Er schlug sie, wie er wollte und verlor noch den letzten Rest Achtung vor den weißen Soldaten.

---

[1] Volunteers (engl.) = Freiwillige.

Presidio del Janos

Geronimos dunkle Augen sahen an den Besuchern vorbei und blieben lange an den düster grauen Kasernen des Forts — diesen handgreiflichen Beweisen weißer Zivilisation — haften.

„Sagt, Häuptling", unterbrach der Journalist die Stille, „sagt mir, ob Ihr dannzumal an den Kämpfen Mangas Coloradas' gegen die Truppen der Vereinigten Staaten auch schon teilgenommen habt?"

Geronimo bejahte.

„Goyathlay war mit dabei. Er folgte dem Rufe seines Häuptling Cochise, der Mangas Coloradas seine Unterstützung lieh."

Der Uebersetzer mischte sich ins Gespräch.

„Aber Cochise", fragte er überrascht, „Cochise von den Chiricahua lebte doch bis zu seinem Tode im Frieden mit den Bleichgesichtern, Old Geronimo?"

„Zu jener Zeit noch nicht! Später werde ich euch erzählen, warum Cochise das Kriegsbeil begraben hat, obwohl es ihm schwer genug fiel. Aber hört jetzt meine Geschichte und ihr werdet begreifen, wieso ich die Weißen bis aufs Blut haßte — und immer noch hassen muß, trotzdem der Kampf längst zu Ende ist. Vernehmt die Geschichte von Presidio del Janos."

Häuptling Mangas Coloradas war nicht nur ein großer Krieger, sondern auch ein kluger Staatsmann gewesen. Als er an der Spitze der Mimbreno, Chiricahua, Mescalero und anderer Apachenstämme gegen die blauen Soldaten der Vereinigten Staaten kämpfte, schloß er zur selben Zeit ein Friedensabkommen mit den Behörden der mexikanischen Provinz Chihuahua.

Trotz der vielen Gefechte, die er den Truppen lieferte, fand er immer noch Zeit dafür zu sorgen, daß die Stämme der Apachen genug zu essen hatten. So begab er sich, es war im Jahre 1858, mit einem Teil seines Volkes und Verbündeten nach dem Staate Chihuahua, um Geschäfte zu machen. Die ganze Familie Geronimos war mit dabei.

In Presidio del Janos, nahe der Grenze gegen Sonora, hieß Mangas Coloradas die Frauen und Kinder zurückbleiben. Mit den Männern zog er weiter nach dem Marktflecken Casas Grande, wo er viele Waren eintauschte. Die Geschäfte hatten sich gelohnt. Es war den Apachen gelungen, gegen kostbare Pelze viel Vieh einzuhandeln. Vergnügt und zufrieden machten sie sich auf den Heimweg.

Aber in der Zwischenzeit war ein schreckliches Unglück über die wartenden Frauen und Kinder hereingebrochen. Wider aller Abmachungen hatte nämlich der kommandierende General der Provinz Sonora mit seinen Soldaten, als er von der Anwesenheit der Apachen in Chihuahua hörte, die Grenze überschritten und das friedliche

Lager überfallen. Die hilflosen Frauen und Kinder vermochten sich gegen die blutgierige mexikanische Soldateska nicht zu wehren. Es gab ein entsetzliches Blutbad, dem alle Indianer zum Opfer fielen. Wer nicht getötet und skalpiert wurde schleppte man in die Sklaverei. Die mexikanischen Generale verdienten eine Menge Geld, indem sie Indianer als Sklaven in die großen Plantagen nach Süd-Mexiko verkauften.

Den zurückkehrenden Apachen bot sich ein gräßlicher Anblick. Angesichts der verstümmelten Leichen ihrer Angehörigen wurden die Herzen der Krieger schwarz vor Wut und Schmerz. Geronimo fand seine Mutter — Taklishin war schon Jahre vorher gestorben — seine Frau und seine drei Kinder tot in ihrem Blute liegen. Steinernen Angesichts verbrannte er ihre Hütte, und zum Zeichen seiner Trauer blieb er während drei Tagen und drei Nächten stumm und aß auch keine Speise.

Seit diesem Erlebnis verdunkelte ein unauslöschlicher Haß gegen die Weißen sein Gemüt, und seine Rachsucht wurde grenzenlos. Trotzdem hat Geronimo, obwohl er bis zu seiner endgültigen Gefangennahme wie ein Tiger gegen die Bleichgesichter kämpfte, nie Frauen und Kinder getötet! Das scheint unglaublich, aber es entspricht den Tatsachen. Ja, zu gewissen Zeiten, — sie waren immerhin selten genug — ließ er auch den Soldaten gegenüber Menschlichkeit walten.

Nachdem er einmal den Truppen ein siegreiches Gefecht geliefert hatte, traf er auf zwei Soldaten, die einen schwer verwundeten Kameraden mit sich schleppten. Für die „americanos" geschah die unheimliche Begegnung mit dem Apachenhäuptling und seiner mit den Skalpen ihrer getöteten Kameraden geschmückten Krieger so unerwartet, daß sie nicht einmal Anstalten zu verzweifelter Gegenwehr treffen konnten. Geronimo stieg von seinem Pferde und näherte sich der Gruppe.

„Verwundet?" fragte er die Soldaten und deutete auf den Bewußtlosen.

Stumm vor Schreck nickten die zwei Blauen.

Der Häuptling streckte seinen Arm aus und wies nach Norden.

„Eine Stunde marschieren, dann kommt Lordsburg. Dort weißer Medizinmann. Er wird Soldat gesund pflegen."

Er bestieg wieder sein Pferd und verschwand mit den Kriegern, — zwei zitternde, fassungslose Soldaten zurücklassend.

Aber noch am gleichen Tage begegnete er einer Schnapskarawane. Diesmal aber übte er keine Rücksicht mehr. Im Nu waren die Männer getötet und ihrer Kopfhaut beraubt. Dann ließ er die Fässer aufstellen, löste die Deckel und tauchte die Leichen in den Whisky. „Der weiße Mann soll das Feuerwasser selber trinken", spottete er.

*

Geronimo war, als er sich 1861 mit Cochise dem Aufstand aller Apachen anschloß, bereits ein hervorragender Kriegshäuptling. Mit siebenundzwanzig Jahren, also 1846, wurde er von den Chiricahua in den Großen Rat der Krieger gewählt. Eine Ehrung, die sonst nur älteren Männern widerfuhr. Außerdem genoß er hohes Ansehen als Medizinmann, denn seine Prophezeiungen für bevorstehende Kriegs- oder Jagdzüge erwiesen sich zumeist als wahr.

Reiter John Teal

Vom Frühjahr 1861 hingen die „Broncos-Apachen", — die „Wilden Apachen" — unter der Führung ihrer Häuptlinge Mangas Coloradas und Cochise wie ein strafendes Schwert über dem Südwesten. Von den White Mountains bis zur Sierra Madre, von Santa Fé bis Chihuahua war kein weißer Mann vor ihrer rächenden Hand sicher. In unglaublich kurzer Zeit legten diese fabelhaften Reiter erstaunliche Distanzen zurück. Mit Rauchzeichen und Blinksignalen verständigten sich die einzelnen Banden über die Lage der Soldaten. Stets tauchten sie dort auf, wo die Befehlshaber des Militärs sie am wenigsten erwarteten. Ebenso meisterhaft war ihre Taktik.

Zuerst erkundeten sie genau das Gelände, wo sie entweder angreifen oder einen geschickt getarnten Hinterhalt anlegen wollten. Sie trafen mit tödlicher Sicherheit den Feind immer dort, wo er am schwächsten war. Mißlang hingegen eine ihrer Operationen, so verschwanden die Apachen so schnell, als hätte sie der Erdboden verschluckt.

Stets strebten die Häuptlinge nach vollständiger Vernichtung des Feindes, möglichst großer Beute und geringen eigenen Verlusten. Ihre Krieger kämpften mit einem

Mute ohnegleichen, und in ausweglosen Lagen wehrten sie sich bis zum Tode. Sie erwarteten vom Feinde keine Gnade, aber ebensowenig waren sie gesonnen, den besiegten Gegner zu schonen. Auge um Auge, Zahn um Zahn, war gültig bei den Apachen.

*

Im Sommer 1862 zogen unter dem Befehl von Captain Thomas L. Roberts dreihundert Mann der auf Seiten der Nordstaaten kämpfenden „Kalifornischen Freiwilligen" mit einem Proviantzug von Tucson gegen den Apachenpaß in den Tafelbergen, der schon oft Schauplatz blutiger Treffen gewesen war. Die Soldaten litten entsetzlich unter der fürchterlichen Hitze. Ein heißer Wind blies ihnen ätzenden Alkalistaub in die Gesichter, entzündete ihre Augen und ließ den Marsch zu einer wahren Hölle werden.

Mit fünfhundert Kriegern lag Mangas Coloradas im Hinterhalt.

Die Truppen hatten den Paß bereits zur Hälfte durchquert. Sie wußten vor sich die erfrischenden Quellen; da wurden sie plötzlich auf beiden Seiten von den Indianern angefallen. Wohl wehrten sich die entkräfteten Soldaten verzweifelt, aber sie mußten sich, hart bedrängt von den Apachen, bis zum Eingang des Passes zurückziehen.

Schon gellte siegesgewiß das schreckliche Geheul der Angreifer. Doch im letzten Augenblick ließ Captain

Roberts die ihm mitgegebenen Geschütze aufprotzen und überschüttete die Apachen mit Tod und Verderben. Mangas sah die Aussichtslosigkeit weiteren Angreifens ein und ordnete den Rückzug an. Während die durstigen Soldaten, getrieben von der Begierde nach Wasser, ungestüm nachstießen, verschwanden die Roten über die Hänge.

Captain Roberts verlor die Uebersicht keinen Augenblick. Er wußte, daß der zurückhängende, sich immer noch außerhalb des Passes befindliche Wagenzug in großer Gefahr war und schickte einen Trupp Reiter zurück. Die Soldaten kamen keine Minute zu früh. Schon hatten die Apachen den Train eingekreist.

Bevor die Reiter hingegen angreifen konnten, wurden sie neuerdings von den Indianern bedroht. Es gelang ihnen jedoch, den Ring aufzubrechen und die Roten zu verjagen.

Als sie sich anschickten, den Wagenzug in den Paß zu geleiten, bemerkte der kommandierende Leutnant des Reitertrupps, daß ihm ein Mann fehlte: „trooper"[1] John Teal.

Er meldete den Verlust dieses Soldaten seinem Vorgesetzten.

„Wird längst tot sein, der arme Kerl", entgegnete Captain Roberts.

Sie schlugen an den Quellen ihr Lager auf und lösch-

[1] Trooper (amerikanisch) = Soldat.

ten den brennenden Durst. Da erschien unversehens, zur größten Verwunderung aller, der totgeglaubte John Teal. Den Sattel trug er auf seinem Kopfe. Fassungslos staunte Roberts den Reiter an.

„Bei Gott! Ihr lebt noch, Mann?"

John Teal grinste.

„Kann es nicht anders einrichten, Captain. Ging allerdings hart am Tode vorbei."

„Da, nehmt eine Zigarre. Eßt und trinkt. Dann erzählt."

Der „trooper" ließ sich nicht lange bitten.

„Als wir mit dem Leutnant ausschwärmten, fielen uns bekanntlich die Apachen in die Flanke. In dem entstandenen Getümmel wurde mein Pferd durch einen Pfeil tödlich getroffen. Kopfüber flog ich aus dem Sattel. Ich rappelte meine, Gott sei Dank, unversehrten Knochen zusammen und legte mich hinter den Kadaver, entschlossen, mein Leben so teuer als möglich zu verkaufen."

„Brav Teal, brav!"

„Meine Kameraden waren längst verschwunden. Vor mir sah ich nur noch die scheußlichen Gesichter der Wilden, die wie leibhaftige Teufel gegen mich anritten. ‚So, John', sagte ich zu mir selbst, ‚anscheinend hat dein letztes Stündlein geschlagen! Aber bevor ich abfahre, müssen noch ein paar dieser Kerle mit! Allen andern voraus raste ein riesenhafter Indianer auf einem gefleckten Pony. Sorgfältig zielte ich auf den Roten, und im Rauche meines Schusses sah ich ihn wanken und dann zu Boden stürzen."

„Ah, gut! Bist ein tapferer Bursche, Teal. Werde dich für eine Auszeichnung vorschlagen."

„Dank, Sir! Aber nun geschah etwas Merkwürdiges. Es schien mir, als verlören die Apachen ihren Verstand. Mit wildem Geschrei kreisten sie den Getroffenen ein, hoben ihn auf sein Pferd, und dann sprengte die ganze Gesellschaft davon. Natürlich war ich froh und hatte keine Veranlassung mehr, sie durch weitere Schüsse zu reizen. Und jetzt bin ich eben hier, that's all[1]!"

Captain Roberts klopfte dem Soldaten auf die Schultern.

„Sicher hast du einen Häuptling getroffen. Wer weiß, vielleicht sogar den verfluchten Mangas Coloradas."

*

Roberts' Vermutung war richtig gewesen. Die Kugel des Reiters hatte dem Mimbreno eine schwere Brustwunde zugefügt. Tief betroffen ritten die Krieger mit ihrem Häuptling bis nach der südlich gelegenen kleinen Stadt Janos. Dort befand sich ganz zufällig ein Arzt, der einen Krankenbesuch gemacht hatte. Die Apachen erklärten ihm, daß er den Häuptling gesund pflegen müsse,

---

[1] That's all (engl.) = Das ist alles!

andernfalls er und das ganze Städtchen ... — Eine bezeichnende Handbewegung folgte! Der Arzt begriff, und Mangas Coloradas genas tatsächlich nach kurzer Zeit. Beglückt zogen die Apachen ab und die Bewohner von Janos, samt dem tüchtigen Medikus, atmeten erleichtert auf.

Colonel West

Nie hatte Mangas Coloradas die ihm in Santa Rita del Cobro angetane Schmach vergessen können. Immer wieder tauchte das hohnvoll grinsende Gesicht des Obersten West vor ihm auf. Dann flehte er zum Herrn des Lebens, ihm noch eine Begegnung mit diesem weißen Offizier zu ermöglichen. Aber die mit Krieg und Haß erfüllten Jahre flossen dahin, ohne daß des Häuptlings flammender Rachedurst gestillt werden konnte.

Doch das Schicksal geht oft absonderliche Wege. Das Haar des Häuptlings ergraute, und sein Körper fühlte alsgemach die Last des Alters. In den wenigen stillen Stunden, die dem Mimbreno in seinem rastlosen Kriegerleben beschieden waren, hatte er zuletzt oft mit dem Gedanken gespielt, dem Zwist zwischen seinem Volke und den Weißen ein Ende zu bereiten. Allerdings, den Obersten West schloß er dabei aus. Nur mit Blut konnte die erlittene Mißhandlung ausgetilgt werden.

Im Januar des Jahres 1863 streifte er mit seinen Kriegern in der Nähe des Forts McLean herum. Das hatten einige Goldgräber erfahren und sie unterbreiteten dem Captain E. D. Shirland, Kommandant der Kompanie C der „Californian Volunteers Cavalry" den Vorschlag, Mangas Coloradas in eine Falle zu locken und ihn zu fangen. Captain Shirland schien diesem gefährlichen Unterfangen nicht abgeneigt zu sein. Aber er besprach sich vorher mit seinem Vorgesetzten — dem Colonel West! Der Oberst erklärte sich sofort damit einverstanden.

Ein Soldat wurde zum Häuptling geschickt mit der Nachricht, die Weißen wünschten mit ihm über den Frieden zu unterhandeln. Dieser Bote traf Mangas in einem Augenblick, da er einmal mehr sein Gewissen erforschte, ob es für die Apachen doch nicht klüger wäre, sich mit den Weißen zu einigen und das Kriegsbeil zu begraben. Keiner war wohl mehr überrascht, als der Soldat selber, denn der Häuptling nahm ihn mit offenen Armen auf und erklärte sich sofort bereit, mit ihm nach Fort McLean zu reiten.

„Mangas Coloradas wird mit Captain Shirland die Friedenspfeife rauchen", erklärte er freudig.

Wohl warnten ihn seine Brüder und baten ihn inständig, den Bleichgesichtern nicht zu trauen. Der Häuptling blieb fest. Ohne Waffen, nur mit den Abzeichen seiner Würde geschmückt, bestieg er sein Pferd und ritt mit dem Blaurock weg.

Voller schwerer Ahnungen stimmten indes die zurückbleibenden Krieger einen Trauergesang an.

Unterwegs trafen die beiden noch auf einen Goldgräber. Mangas sah nicht das tückische Aufblitzen in dessen Augen. Freundlich unterhielt er sich mit dem Manne und sagte ihm voraus, daß bald Friede sein werde zwischen den Weißen und den Roten.

„Ihr seid mächtig", sprach er zu ihm, „warum sollen wir uns gegenseitig töten, da das Land doch für Bleichgesichter und Indianer genügend Platz bietet!"

Eine knappe Wegstunde vom Fort entfernt, mußten sie ein kleines Wäldchen durchqueren. Plötzlich tauchten schwer bewaffnete Soldaten aus dem Gebüsche auf und versperrten den Reitern den Weg. Ueberrascht sah der Häuptling seinen Begleiter an.

„Warum das, mein Bruder?" fragte er den Soldaten.

Dieser deutete stumm auf den heraneilenden Captain Shirland. Ruhig stellte Mangas dem Offizier die gleiche Frage.

„Du bist verhaftet, Häuptling!" schrie Shirland triumphierend.

Einen Augenblick flammte es über das Gesicht des Häuptlings. Aber er beherrschte sich.

„Ist das die Art des weißen Mannes, einen Friedensbringer zu behandeln?"

„Keine langen Worte, Mann!" befahl der Captain. Dann wandte er sich an seine Truppe: „Beim geringsten Fluchtversuch wird geschossen, verstanden! Und jetzt aufgesessen! Marsch!"

*

Die Kavalkade wurde im Fort von Oberst West empfangen. Jetzt, da der Häuptling seinen verhaßtesten Feind von Angesicht wieder sah, wußte er, daß die Warnung seiner Krieger richtig gewesen war. Er bäumte sich auf, als wollte er sich vom Pferd herunter auf den Colonel stürzen. Aber schon hatte West seinen Revolver gezogen.

„Ah, freut mich, den großen Häuptling der Apachen zu begrüßen", höhnte er, „habe seit unserer ersten Begegnung in Santa Rita leider nie mehr das Vergnügen gehabt."

Mangas Coloradas blieb stumm. Nur seine glühenden Augen schienen den Widersacher zu durchbohren. Keine Bewegung in seinem steinernen Gesicht verriet den tobenden Aufruhr der Gefühle.

Jahrelang hatte er jede Gelegenheit gesucht, den Colonel wieder zu treffen. Und jetzt, da er wehrlos sich den Weißen ausgeliefert wußte, war sein sehnlichster Wunsch in Erfüllung gegangen! Er haderte mit dem Herrn des Lebens und mit seinem Schicksal. Aber was nützte das alles? Es hatte sich einfach so gefügt — auch der mächtigste Häuptling konnte seiner Bestimmung nicht ausweichen. Er sah den Triumph im Antlitz des Weißen. Und jetzt überkam ihn die Gewißheit, daß seine Stunden auf dieser Erde gezählt waren. Nur eines hätte er noch tun mögen: seinen Brüdern zurufen, daß sie nie und niemals mehr den Worten der Bleichgesichter Glauben schenken sollten! Doch dazu war es zu spät. Aber sie würden sicher dem unausgesprochenen Rate gehorchen, wenn der Häuptling nicht mehr zu ihnen zurückkehrte.

Fern im Westen sank Nayenaezghani ins Große Wasser. Purpurn leuchtete das Land. Am nachtblauen Himmel blitzten schon die ersten Sterne.

„Mangas Coloradas hört schon den Ruf seiner Väter", flüsterte der Häuptling, „bald wird er in ihrem Kreise weilen."

*

Diese Nacht des 14. Januars 1863 war bitter kalt. Der Häuptling kauerte an einem Feuer und starrte düster in die zuckenden Flammen. Neben ihm standen zwei Wachtsoldaten und der eine von ihnen hielt wie zum Spiel die Bajonettspitze in die Glut. Bevor sie zur Bewachung des Apachen abkommandiert worden waren, hatte sie der Oberst West noch rufen lassen.

„Dieser alte Mörder", hatte er gesagt und auf Mangas gedeutet, „hat uns unablässig betrogen. Eine meilenlange Blutspur zieht sich hinter ihm her. Hört gut zu: Ich wünsche ihn morgen tot vorzufinden. Habt ihr verstanden? Ich wünsche ihn t o t zu sehen!"

Die Bajonettspitze war rotglühend geworden. Der Soldat zog sie aus dem Feuer zurück und stieß sie plötzlich mit aller Gewalt in den nackten Oberschenkel des

Häuptlings. Mangas zuckte zusammen und wollte sich erheben. Da krachten zwei Revolverschüsse, und der Riese fiel leblos in die Flammen. Hochauf sprühten die Funken.

*

Der Tod des Mimbrenohäuptlings lähmte zuerst die Kampfkraft der Apachen. Mit aller Kraft bemühten sich die Weißen, dem jahrelangen Krieg ein Ende zu machen. Truppenkommandanten und Behörden vereinigten ihre Anstrengungen und sie zögerten auch nicht, das Schandgesetz der Mexikaner anzuwenden. Zweihundertfünfzig Dollars erhielt jedermann in bar ausbezahlt, der einen Apachenskalp vorweisen konnte. Aber das Jahr 1863 ging zur Neige, ohne daß die Ausrottung der Indianer wesentliche Fortschritte gemacht hätte.

Nun erteilte die Regierung in Washington dem Nordstaatengeneral James Carlton den Befehl, den Südwesten zu befrieden. Tötet die Apachen oder bringt sie in die Reservationen, lautete der Auftrag. General Carlton erhielt einige gut bewaffnete Regimenter zu seiner Verfügung. Außerdem rekrutierte er aus den Maricopa- und Pimaindianern — den Erbfeinden der Apachen — starke Spähereinheiten. Mit den Behörden der mexikanischen Provinzen Sonora und Chihuahua vereinbarte er eine enge Zusammenarbeit. Dann begann das große und gut vorbereitete Kesseltreiben.

Es war eine Menschenjagd größten Stils, und man

hetzte die Roten wie wilde Tiere. Trotzdem war das Ergebnis kläglich. Denn an der Spitze der Apachen stand ein neuer Häuptling, der seinen feige ermordeten Vorgänger an Größe und Können eher noch überragte: Cochise, vom Stamme der Chiricahua!

„Was hat nun eigentlich Cochise veranlaßt, dem Rufe Mangas Coloradas zu folgen und gegen die Bleichgesichter ins Feld zu ziehen, Häuptling? Soviel mir bekannt ist, wußte er ja ursprünglich mit seinen weißen Nachbarn gut zusammenzuleben."

„Warum wohl?" entgegnete Geronimo. „Weil die Weißen mit der Zeit das Vertrauen des Häuptlings mißbrauchten."

„Ah, Ihr meint wohl den Vorfall mit Leutnant Bascom, wenn ich mich richtig erinnere?"

•

Cochise, Häuptling der Chiricahua und Schwiegersohn Mangas Coloradas', stand bei seinem Volke in hohem Ansehen. Scharfe Intelligenz paarte sich bei ihm mit der traditionellen Tapferkeit des Apachenkriegers. Aber im Gegensatz zum Mimbreno, offenbarte sich bei ihm eine eher zwiespältige Natur. Oft neigte er zu tiefer Schwermut, galt allgemein als verschlossener Grübler, um dann doch wieder, wenn es die Lage erforderte, klar und bestimmt seine Anordnungen zu treffen. Ein hervorstechendes Merkmal seines Charakters war der empfindliche Stolz. Fühlte er sich darin irgendwie verletzt, explodierte sein Temperament wie ein Vulkan. Mit rücksichtsloser Grausamkeit wußte er sich in solchen Fällen

Genugtuung zu verschaffen. Cochise besaß ein respekteinflößendes Wesen, dem sich keiner der Weißen, die je mit ihm in nahe Berührung kamen, entziehen konnte. Er war kein Freund vieler Worte, und man sah ihn wenig lächeln.

Zeit seines Lebens hat Cochise nie ein Versprechen gebrochen und nie gelogen. Wenn er jemandem seine Freundschaft schenkte, so galt das als unverbrüchlich, solange man sein Vertrauen nicht mißbrauchte. Unbeugsam hielt er an dem fest, was er als gut und recht erachtete.

•

Zum erstenmal kam Cochise im Jahre 1857 mit den Amerikanern in nähere Berührung. Es war die Zeit, als die Transkontinentale Post-Passagier-Route auf der 4500 km langen Strecke zwischen St. Louis und San Franzisko errichtet wurde. Da diese Route mitten durch das Gebiet der Chiricahua und über den Apachenpaß führte, ohne daß man es für nötig gefunden hätte, deswegen mit den Indianern vorerst einmal zu unterhandeln, wurde Cochise mit Recht erbost. Regelmäßig überfielen seine Krieger die Postwagen, bis das Transportunternehmen beinahe seine Tätigkeit einstellen mußte. Nun endlich entschloß man sich in St. Louis, mit diesem Cochise ein Wort zu reden und zu versuchen, sich im Guten zu einigen.

Der Häuptling empfing die weißen Unterhändler und hörte sich ihre Begehren an. Er unterließ es nicht, sie auf das Ungehörige ihres bisherigen Vorgehens aufmerksam zu machen.

„Der weiße Mann", sagte er mahnend, „pflegt Gärten und Weideland mit Stacheldraht zu umzäunen. Was würdet ihr von euren Nachbarn denken, wenn es ihnen einfallen sollte, mitten durch dieses Land und ohne euch zu fragen, eine Straße zu bauen?"

Schlußendlich gab aber Cochise seine Einwilligung zu der bereits vollzogenen Tatsache. Er gewährleistete die Sicherheit der durchfahrenden Postwagen, bedingte sich aber aus, daß keine Soldaten in seinem Land stationiert werden dürften. Die Unterhändler, froh so leichten Kaufes davon gekommen zu sein, versprachen, diesen Vertrag peinlich genau zu beobachten.

Während geraumer Zeit, bis zum Jahre 1861, konnten die „overland stagecoaches"[1] ungehindert passieren. Wohl sahen die Kutscher, Begleitmannschaften und Passagiere hin und wieder schaudernd, wie grell bemalte Apachenkrieger neugierig eine Strecke Weges dem holpernden Wagen folgten. Aber nie kam es zum geringsten Zwischenfall. Die Weißen hätten sich keinen besseren Beschützer wünschen können als Cochise. Wo sich etwa bleichgesichtige Wegelagerer zeigten, räumte er rasch mit ihnen auf.

Der Vorfälle in Santa Rita del Cobro und in Presidio del Janos wegen, kam es in der Folge zum allgemeinen

[1] Overland stagecoaches (engl.) = Überland-Postkutschen.

Aufstand der Apachen. Cochise erhielt die Botschaft seines Schwiegervaters, sich mit den Chiricahua am Kriege gegen die Weißen zu beteiligen. Aber er zögerte. Er fühlte sich an sein gegebenes Wort gebunden und wollte nicht vertragsbrüchig werden. Da geschah ein Ereignis, das mit einem Schlag dem bisherigen guten Verhältnis ein Ende bereitete. Und jetzt griff auch Cochise mit Macht in die blutige Auseinandersetzung ein.

•

Am Sonoito-River, in der Nähe des Forts Buchanan und am Rande des Chiricahuagebietes, wohnte ein irischer Farmer namens John Ward mit seiner mexikanischen Frau Jesusita Martinez und ihrem Knaben Mickey. Im Oktober 1860 wurde diese Farm von einer Horde Indianer überfallen. Die Räuber entführten eine Anzahl Rinder und den kleinen Mickey. Verfolgt von den Kugeln des verzweifelten Farmers verschwanden sie in der Richtung des Chiricahualandes.

John Ward bestieg sein schnellstes Perd und raste nach Fort Buchanan. Dort wurde er vom Kommandanten, einem Obersten Pitcairn Morrison vom 7. Infanterie-Regiment, empfangen.

Mit Tränen in den Augen schilderte Ward dem Offizier den Ueberfall und bat um Truppen, damit die Räuber noch eingeholt werden könnten.

„Welche Fluchtrichtung haben sie eingeschlagen?" fragte der Kommandant.

„Nach dem Chiricahuagebiet, Sir."

Der Oberst pfiff durch seine Zähne.

„Tja, das kompliziert den Fall. Wir haben strenge Order, die Grenze nicht zu überschreiten, Ward. Tut mir leid, aber da wird nicht viel zu machen sein."

Verzweifelt sank der Farmer auf einen Stuhl.

„Aber um Gottes willen, Sir. Man kann mir doch nicht einfach meinen Buben rauben, meinen einzigen Sohn! Den Viehdiebstahl kann ich noch verschmerzen, aber ich werde verrückt, wenn ich daran denke, was die Wilden mit meinem Kinde machen. Helft mir doch, Sir, helft mir, bei allen Heiligen!"

Erregt schritt der Oberst hin und her. Er hatte Mitgefühl mit diesem bedauernswerten Mann. Aber der Befehl lautete klar und deutlich: Die Grenze des Chiricahuagebietes darf von keinem uniformierten Angehörigen der Armee überschritten werden.

Morrison legte seine Hand auf die zuckenden Schultern Wards.

„Kopf hoch, Mann. Ich werde den Vorfall dem General melden. Vielleicht läßt sich doch etwas machen."

Leutnant Bascom

Am 29. Januar 1861 schickte Oberst Morrison den Leutnant George N. Bascom mit fünfzig Mann ins Chiricahualand. Der Offizier hatte, der Weisung des Generals entsprechend, strengen Befehl, keine feindseligen Handlungen zu unternehmen. Bascom sollte danach trachten, so rasch als möglich Cochise zu finden und sich mit dem Häuptling beraten, wie die roten Räuber zur Herausgabe des entführten Knaben veranlaßt werden könnten.

Als Leutnant Bascom und seine Männer die Grenze überschritten, stieg eine schlanke Rauchsäule vom nächsten Hügel in die Höhe.

„Aha, die Apachen haben uns schon entdeckt", murmelte der Offizier, „nun, wir werden bald wissen, wo die ‚kidnapper' [1] zu finden sind."

Er erreichte den Apachenpaß und traf dort den ihn erwartenden Cochise. In Begleitung des Häuptlings befanden sich seine zwei Söhne Nachez und Taza.

Ruhig ließ der Apache die Reiter näher kommen.

Bascom befahl seinen Leuten abzusitzen. Dann schritt er mit dem Dolmetscher den Indianern entgegen. Ab-

[1] Kidnapper (engl.) = Kindsräuber.

schätzend musterte er Cochise und forderte dann barsch und ohne Umschweife die Herausgabe des Knaben.

Bascom wußte wohl, daß er allein schon mit seinem Auftreten den Häuptling beleidigt hatte. Indianische Sitte verlangte als erstes eine höfliche Begrüßung und das Rauchen des Kalumets. Ohne diese Einleitung kam kein Gespräch und schon gar keine freundschaftliche Vereinbarung zustande.

Cochises Augen sprühten vor Unwillen, als er dem Offizier nicht minder scharf erklärte, daß er von einem geraubten Knaben keine Ahnung habe. Die Jugend des Leutnants in Rechnung setzend, die er in erster Linie für das unanständige Benehmen des Offiziers verantwortlich machte, unterdrückte er den aufsteigenden Zorn und fügte versöhnlich bei: „Die Chiricahua sind bereit, den Bleichgesichtern zu helfen. Wir wissen, daß eine Bande Pinal-Apachen hier herum ihr Unwesen treibt. Sie kommen als die Räuber des Knaben in Frage. Kehrt zurück und richtet dem Colonel Morrison aus, daß wir ihm das Kind bringen werden."

Doch der unselige Bascom hatte für diese Worte des Häuptlings, — die übrigens, wie es sich später herausstellte, ehrlich gemeint waren — nur ein hohnvolles Lachen zur Antwort.

Er wandte sich an seine Leute.

„Der rote Gauner streitet jede Schuld ab. Aber ich

bin nicht gesonnen, diese Lügen hinzunehmen. — Los! Verhaftet die drei Kerle!" —

Jetzt überstürzten sich die Ereignisse. Cochise riß sein Pferd herum, durchbrach mit gellendem Kriegsruf die Kette der Soldaten und raste paßwärts. Nachez und Taza taten es ihrem Vater gleich. Schüsse knallten. Cochise verspürte einen stechenden Schmerz am linken Unterschenkel. Er beugte sich, die Wunde zu betasten, da hörte er hinter sich ein lautes Gepolter. Grelles Pferdewiehern schlug an seine Ohren. Ein Schrei stieg auf: „Vater! Die Soldaten haben mich getroffen!"

Zurückblickend sah er, wie sich das Pferd Tazas überschlug. Mit aller Wucht flog sein Sohn aus dem Fellsattel und blieb reglos im Geröll liegen.

Im Nu hatten Cochise und Nachez ihre Tiere zum Stehen gebracht. Doch für eine Rettung war es zu spät. Schon hatten sich die heraneilenden Blauröcke des Jünglings bemächtigt. Vater und Sohn verschwanden im felsigen Labyrinth, schweren Herzens den verwundeten Taza in der Gewalt Bascoms zurücklassend.

„Hole die Krieger, Nachez", gebot der Häuptling, „mit den Bleichgesichtern ist kein Friede mehr."

*

Erbittert, daß ihm Cochise entkommen, suchte sich Leutnant Bascom einen günstigeren Lagerplatz, wo er vor Ueberfällen besser geschützt war. Unschlüssig, was jetzt zu tun sei, wartete er einige Tage, und in dieser Zeit geschah am Apachenpaß allerhand.

Noch am gleichen Abend, da Bascom mit Gewalt gegen Cochise vorgegangen war, stürzte sich der ergrimmte Häuptling auf die nächste Haltestelle der Postroute, tötete den Vorsteher und nahm dessen Gehilfen Wallace gefangen. Zwei Stunden später nahte ahnungslos ein Wagenzug und wollte in der Nähe der Haltestelle biwakieren. Er wurde überfallen, die Leute an die Wagenräder gebunden und das Ganze angezündet.

Bascom und seine Männer gewahrten den nächtlichen Feuerschein, — getrauten sich aber nicht nachzusehen. Am andern Morgen erschien zur üblichen Zeit die Postkutsche. Kaum war sie in den Paß eingebogen, wurde sie von einem Pfeilschauer empfangen. Gurgelnd sank der Kutscher vom Bock. Aber geistesgegenwärtig sprang der einzige Passagier auf das Mauleselpaar, schnitt die Stränge durch, peitschte auf die Tiere los und entkam.

Jetzt war Krieg bis aufs Messer. Mangas Coloradas hatte einen mächtigen Verbündeten bekommen!

*

Am dritten Tag nach der Begegnung Bascoms mit Cochise erschien auf einer Felsenschrägung der Häuptling mit einem Trupp Apachen in voller Kriegsbemalung. Er hatte den gefangenen Postgehilfen Wallace bei sich. Dem Unglücklichen war ein Lasso um den

Hals gebunden und am Sattelknauf des Häuptlings befestigt.

„Höre Bleichgesicht", rief Cochise mit hallender Stimme, „gib mir meinen Sohn Taza zurück, den deine Soldaten verwundet haben. Ich werde dir dafür diesen Mann ausliefern."

Bascom schäumte vor Zorn.

„Nie und nimmer, Rothaut. Schere dich zum Teufel!"

„Hüte deine schnelle Zunge", mahnte der Häuptling, „höre, was dieser Mann dir zu sagen hat."

Er stieß Wallace nach vorne.

Der Gefangene sank auf seine Knie. Zitternd und bebend beschwor er den Leutnant, auf den Vorschlag des Apachen einzugehen. Er sei bereits gemartert worden und würde bestimmt getötet, wenn Bascom den gefangenen Taza nicht herausgebe.

Aber der Leutnant blieb hart.

Da verlor Cochise die Geduld. Er spornte sein Pferd, riß es herum und schleifte Wallace zu Tode.

Nun tat der Offizier das Dümmste, was er in dieser, durch ihn verschuldeten gefährlichen Lage tun konnte. Aus lauter Rache ließ er den verwundeten Taza hängen. Dann kehrte er mit seinen Soldaten nach Fort Buchanan zurück.

*

Der Journalist blätterte in seinen Notizen.

„Mickey Ward ist später wieder zu den Weißen zurückgekehrt und hat als Mickey Free für die Armee Kundschafterdienst geleistet. Wußtet Ihr das, Häuptling?"

Geronimo lächelte bitter.

„Natürlich ist mir das bekannt. Mickey Free hat doch gegen uns gekämpft. — Aber damals hatte Cochise die Wahrheit gesprochen. Es waren Pinal-Apachen gewesen, die den Diebstahl begingen und Wards Knaben raubten. Cochise hat die Pinal deswegen schwer bestraft und ihnen das Kind weggenommen. Er zog es auf und ließ ihm eine gute Behandlung angedeihen, obwohl er mit den Bleichgesichtern im Kriege lag."

Für eine Weile versank der Häuptling in Schweigen. Plötzlich warf er stolz seinen Kopf in den Nacken. Kampflustig blitzten die dunklen Augen. Und ein Ton der Herausforderung schwang in seiner Stimme mit, als er weiter erzählte: „Unter Mangas Coloradas war wohl die größte Streitmacht versammelt, die von den Apachen je aufgeboten werden konnte. Krieger sämtlicher Stämme sammelten sich um ihre Häuptlinge und unter diesen waren die berühmtesten Namen anzutreffen. Außer Mangas und Cochise und ihren Söhnen Poncé, Mangus und Nachez waren da: Gian-Nah-Tah von den Mescalero, Ezkimenzin von den Ariwaipa, Be-da-jo, besser bekannt als Victorio, von den Mimbreno und sein Unterhäuptling Nana, der einäugige Loco, der grimmige Juh, Flachnase Chatto, dann Ma-Ti-O-Tisch und natürlich Goyathlay!"

GOYATHLAY
(genannt «Geronimo»)
Häuptling der Chiricahua-Apachen
(Sammlung Rose, San Antonio, Texas)

SAN JUAN
(Enda-tli-ghin)
Häuptling der Mescalero-Apachen
(Sammlung Rose, San Antonio, Texas)

COCHISE
(A-da-tli-chi)
Häuptling der Chiricahua-Apachen
(Sammlung Rose, San Antonio, Texas)

VICTORIO
(Be-da-jo)
Häuptling der Mimbreno-Apachen
(Sammlung Rose, San Antonio, Texas)

GENERAL OTIS O. HOWARD
(Smithsonian Institution, Washington)

GENERAL NELSON A. MILES
(Smithsonian Institution, Washington)

NACHEZ UND SEINE FRAU
Häuptling Nachez war der Sohn Cochises
(Sammlung Rose, San Antonio, Texas)

MANGUS
Mangus war der Sohn von Mangas Colorados
(Sammlung Rose, San Antonio, Texas)

KAYITHA
Apachenkundschafter im Dienste der Armee
(Sammlung Rose, San Antonio, Texas)

EZKIMENZIN
Häuptling der Ariwaipa-Apachen
(Sammlung Rose, San Antonio, Texas)

LOCO
(Loo-goo)
Häuptling der Mimbreno-Apachen
(Sammlung Rose, San Antonio, Texas)

CHATTO
(genannt «Flachnase»)
Mescalero-Apache
(Sammlung Rose, San Antonio, Texas)

NANA
(Ca-si-stil)
Häuptling der Mimbreno-Apachen
(Sammlung Rose, San Antonio, Texas)

MEDIZINMANN DER APACHEN
(Sammlung Rose, San Antonio, Texas)

IN DER SIERRA MADRE
Krieger, Frauen und Kinder aus Geronimos Schar
(Sammlung Rose, San Antonio, Texas)

GERONIMO (links zu Pferd) und NACHEZ (rechts zu Pferd)
Rechts stehend: Geronimos Sohn Chappo
(Sammlung Rose, San Antonio, Texas)

DER WEG NACH FLORIDA
3. von links Nachez, 4. Geronimo
(Smithsonian Institution, Washington)

Die rote Spur

Während des nordamerikanischen Bürgerkrieges und noch viele Jahre nachher, stand der ganze Südwesten in Flammen. Cochise focht nicht minder zäh und tapfer als der verstorbene Mangas Coloradas. Immer wieder ließ er die anstürmenden Truppen ins Leere rennen und schlug dann zu, wenn die Soldaten erschöpft und ermüdet nicht mehr weiter wußten.

Die Indianer kannten jedes Wasserloch in der Wüste, jede Schlucht im Gebirge. Sie waren behende, ausdauernd, gerissen, und sie trieben die Generale zur Verzweiflung und das Land an den Rand des Abgrundes.

Wohl standen auch auf der Seite der Bleichgesichter hervorragende Kämpfer. Männer mit Namen, die sich für immer in das Geschichtsbuch eingetragen hatten. Colonel Christopher, „Kit" Carson, der berühmte Kundschafter und Unterdrücker der Navajoindianer; die Pfadfinder Bourche, Howard B. Cushing, Roß und Winters. Aber sogar diese mußten sich der überlegenen Kriegskunst Cochises beugen, und die meisten unter ihnen fielen in den zahlreichen Gefechten gegen den entfesselten Häuptling.

General Carlton scheiterte an seiner Aufgabe. Nicht besser erging es seinem Nachfolger, General John S. Marson, der einmal sagte: „Bei meiner Ankunft im Südwesten war jede Farm südlich des Gila-River geräumt. Die Stadt Tubac war verlassen, und die Einwohnerzahl der Stadt Tucson betrug nur noch zweihundert Seelen. Nördlich des Gila waren die Wege völlig zerstört, die Farmen standen leer. Die meisten Ansiedler waren geflohen oder tot. Ihre Häuser niedergebrannt."

Als man einst einen Kundschafter mit Namen Bernard zu Cochise schickte, um mit dem Häuptling wegen der Bergung von Verwundeten zu verhandeln, willigte der Apachenführer ohne zu zögern ein, einen befristeten Waffenstillstand abzuschließen, vorausgesetzt, daß der weiße Arzt auch die verletzten Indianer pflegen würde. Das Abkommen wurde auf beiden Seiten eingehalten. Nachdem der „surgeon" die pflegebedürftigen Soldaten versorgt hatte, begab er sich in Begleitung Bernards ins Lager der Apachen. Als wahrer Menschenfreund tat er auch dort seine Pflicht, und Cochise folgte interessiert seiner Arbeit. Der Arzt nahm die Gelegenheit wahr und fragte den Häuptling, warum er nicht Frieden schließen wolle.

Cochise zeigte auf seine Narbe, die ihm die Kugel eines Soldaten des Leutnants Bascom zugefügt hatte und sagte: „Cochise hielt sein Friedensversprechen, bis er von Bascom schamlos betrogen wurde. Ohne Grund hat er meinen Sohn hängen lassen. Ich lebte gut mit den ‚americanos' zusammen, bis man mich für ein Verbrechen, das andere begangen haben, zu töten versuchte.

Jetzt lebe und sterbe ich um der Rache und um meines Volkes willen."

Mitte der Sechzigerjahre waren erst an die hundert Apachen gezwungen worden, den Kampf aufzugeben und in eine Reservation zu ziehen. Und zwar handelte es sich um die Ueberreste eines Teils der Mescaleroindianer, die sich mit ihrem Häuptling Gian-Nah-Tah dem Obersten Kit Carson hatten ergeben müssen. Gian-Nah-Tah war keineswegs kampfmüde geworden, denn er hielt seinem Besieger folgende Rede: „Du bist stärker als wir. Wir haben gegen dich gekämpft, aber deine Gewehre schießen schneller und besser als unsere. Gib uns Waffen und die Freiheit, und wir werden wieder gegen dich kämpfen. Jetzt aber sind wir müde und hungrig. Wir haben keine Munition und kein Essen mehr und wissen nicht, wo wir uns das Notwendige beschaffen können. Deine Truppen sind überall. Unsere Quellen in der Wüste hast du uns genommen. Du hast uns von unserem letzten und stärksten Zufluchtsort vertrieben. In unseren Herzen ist das Feuer erloschen. Mach mit uns, was du willst, aber vergiß nicht, daß wir Männer und Krieger sind. Shi-go-sh-k'anni-sidja!"

Als Cochise die Uebergabe Gian-Nah-Tahs erfuhr, verdoppelte er seine Anstrengungen. Wie Lawinen folgten die Angriffe der Indianer, und die Weißen wurden ihres ersten Sieges nicht froh.

So ging Jahr um Jahr vorüber, ohne daß eine Entscheidung gefallen wäre. Ein General löste den andern ab. Kreuz und quer marschierten die Truppen im Lande herum, durch glutheiße Wüsten und zerrissene Gebirge. Zu den ungeheuren Strapazen gesellten sich die ständigen Ueberfälle, die von den Regimentern einen hohen Blutzoll forderten. Häuptling Cochise hatte, um noch freiere Hand zu haben, die Frauen und Kinder sämtlicher Stämme zusammengezogen und irgendwo in den White Mountains verborgen. Die Weißen hatten davon erfahren, doch nie war es ihnen gelungen bis „Rancherias" — so nannten sie den geheimnisvollen Ort — vorzustoßen und das Lager auszuheben.

*

Die Armee trug nicht allein Schuld an diesem Kriege. In gleichem Maße war auch die Politik der Regierung in Washington verantwortlich zu machen. Bar jeden Verständnisses gegenüber den Apachen, die man nicht als Menschen, sondern als wilde Tiere betrachtete, mußten die Maßnahmen der Behörde zwangsläufig zu Mord und Totschlag führen. Nie hatte man auch nur im entferntesten daran gedacht, den Indianern für das geraubte Land Ersatz anzubieten. Nie wurde ein Weißer bestraft, der sich einem Indianer gegenüber verging. Im Gegenteil, man stachelte die Soldaten und die Zivilbevölkerung noch gegen die Roten auf. Das viele Pack, die Wegelagerer, Abenteurer, Spekulanten und Spieler, die überall an der Grenze zu finden waren, verdienten eine Menge

Geld mit den ausgeschriebenen Skalpprämien. Eine Woge von behördlich geduldeten Verbrechern überflutete den Südwesten.

Außerdem spottete die Behandlung der Reservationsindianer jeder Beschreibung. Man kümmerte sich keinen Deut um die Verbesserung der Lebensbedingungen. Die mit der Aufsicht betrauten Truppen bekamen mit ihren „Schützlingen" bald die größten Schwierigkeiten, und die freien Indianer zeigten je länger je weniger Lust, sich in die Arme ihrer weißen „Brüder" zu werfen.

Ein sprechendes Beispiel dafür ist die Geschichte des Häuptlings Ezkimenzin, Anführer der Ariwaipa-Apachen.

Ezkimenzin

In jener Zeit waren die dichter besiedelten Niederlassungen des Südwestens — namentlich Tucson und Tombstone — ausgesprochene Stätten des Lasters, der Ausschweifungen und des Mordes. In Strömen floß der Branntwein, und die Schießereien zwischen Betrunkenen gehörten zur Tagesordnung.

Tucson besonders war damals ein übler Mittelpunkt in diesem Lande der gesetzlich geduldeten und geförderten Verbrechen. Und in der Nähe dieser Stadt geschah im Februar 1871 auch jener tragische Vorfall, der als Massaker bei Camp Grant in die Geschichte eingegangen ist. Was sich beim Truppenlager Camp Grant ereignete, geschah dannzumal überall auf dem nordamerikanischen Kontinent, wo die letzten freien Indianer gezwungenermaßen in naher Nachbarschaft mit dem weißen Janhagel der Grenze leben mußten. Für den Ariwaipahäuptling Ezkimenzin aber bedeutete dieses Unglück den Beginn eines endlosen Trauerspiels, den Anfang einer Kette von Demütigungen, denen sein starkes Herz zuletzt erliegen mußte.

*

Er hatte mit seinem Volke jahrelang gegen die Soldaten gekämpft. Dann zwangen ihn Hunger und Waffenmangel, sich den Weißen zu unterwerfen. Mit den

Resten seines Stammes erschien er eines Tages im Militärlager Camp Grant und erklärte dem Befehlshaber, Leutnant Royal Whiteman, daß er von nun an in Frieden mit den Bleichgesichtern leben möchte. Ezkimenzin bat den Leutnant, ihm zu erlauben, sich mit dem Stamm im nahen Ariwaipa-Canyon niederzulassen, wo sein Volk schon von altersher gewohnt und seinen Reis angebaut hatte.

Royal Whiteman, ein rauher, aber ehrlicher Soldat, der im Gegensatz zu den meisten seiner Rassegenossen auch im rothäutigen Herrn des Landes in erster Linie den Menschen sah, hatte Mitleid mit dem Häuptling und bewilligte seine Bitte. In der nun folgenden Zeit stand er den Indianern väterlich zur Seite, half ihnen mit Armeelebensmitteln über die erste Not hinweg und schenkte ihnen auch landwirtschaftliche Geräte, damit sie ihre ersten Versuche als Pflanzer durchführen konnten.

Leutnant Whitemans Bemühungen zeitigten einen überraschenden Erfolg. Die Apachen erwiesen sich als dankbar und offenbarten überdies ein erstaunliches Geschick in der Bebauung des fruchtbaren Bodens. Aus den wilden Kriegern war eine friedliche Gemeinschaft arbeitsamer Landwirte geworden, die nichts weiter wünschte, als in Ruhe gelassen zu werden.

Das gute Beispiel sprach sich herum, nicht nur bei den Weißen, sondern auch bei den Apachen. Anfangs der siebziger Jahre zählte das Bauerndorf unter Häuptling Ezkimenzin bereits einige hundert Männer, Frauen und Kinder.

In Tucson hingegen verfolgte man mit scheelen Augen das Aufblühen der benachbarten Indianerkolonie. Niemand wollte es wahrhaben, daß die einstigen Wilden fleißiger sein konnten, als die trägen, herumlungernden Vertreter einer überlegenen Kultur! Allein schon deswegen ließ man keine Gelegenheit aus, um die Roten für alle möglichen Verbrechen verantwortlich zu machen. Wurde irgendwo außerhalb Tucsons ein Trunkenbold erschossen, hieß es: Die Apachen haben ihn ermordet! Waren weiße Viehdiebe am Werk gewesen, verbreitete sich alsbald das Gerücht: Die Apachen haben die Rinder gestohlen!

Bewußt wurde auf diese Weise eine abscheuliche Haßstimmung gegen Ezkimenzins Leute gezüchtet, die früher oder später zu einer gewaltsamen Entladung drängte.

Der Zeitpunkt hierfür schien gekommen, als auf Antrag des Leutnants Whiteman die Garnison in Camp Grant ganz erheblich reduziert wurde. Die Apachen hatten bewiesen, daß sie keinerlei kriegerische Absichten mehr hegten und deshalb glaubte Whiteman, auf den größten Teil der ihm unterstellten Truppen verzichten zu können. Daß er damit seinen Schützlingen im Grunde genommen einen schlechten Dienst leisten würde, konnte der ehrliche Offizier nicht ahnen.

Als man in Tucson vom Abmarsch der Soldaten Kenntnis bekam, hielt man den Zeitpunkt für gekommen, um den Haßgefühlen gegen die Apachen die Zügel zu lockern. Eine öffentliche Versammlung wurde einberufen. Den Vorsitz führten der Sheriff, die in der Stadt etablierten Regierungsbehörden und der Direktor der Zweigniederlassung eines Bankunternehmens. Unter dem Einfluß des in beachtlichen Mengen getrunkenen Branntweins wurde einstimmig beschlossen, die Indianersiedlung zu vernichten und die Apachen auszurotten. Rund zweihundert schwerbewaffnete Männer, voraus das Versammlungskomitee, marschierten noch am gleichen Tag gegen den Ariwaipa-Canyon. Vorsichtigerweise schlugen sie einen großen Bogen um das Militärlager, damit der Leutnant das Vorhaben nicht doch noch im letzten Augenblick vereiteln könnte.

Die ehrenwerten Einwohner von Tucson hatten Glück, denn es erwies sich, daß die Krieger mit ihrem Häuptling nach einem weiter entfernten Marktflecken gefahren waren. Widerstand mußte nicht befürchtet werden.

Und jetzt geschah, was vorher und später immer wieder passierte: Hundertacht Frauen und Kinder wurden getötet und skalpiert. Neunundzwanzig Kinder wurden gefangen und im Triumph nach Tucson gebracht, wo man sie einem mexikanischen Plantagenvertreter als

Sklaven verkaufte. Die Heimstätten und die sorgfältig bebauten Felder fielen der Zerstörung anheim.

Die zurückkehrenden Apachen wurden von einer grenzenlosen Verzweiflung gepackt. Ezkimenzin fand seine Frau mit ihren fünf Kindern tot und verstümmelt. Was blieb ihnen jetzt anderes übrig, als wieder in die Berge zu ziehen und zu kämpfen! — Aber dem Häuptling war kein Glück beschieden. Er fiel in Gefangenschaft und mußte während drei Jahren schwer gefesselt in einer Mine Zwangsarbeit leisten. 1875 ließ man ihn wieder frei. Er kehrte zurück in den ihm liebgewordenen Ariwaipa-Canyon, wo er seine Angehörigen begraben wußte. Mit staunenswerter Energie begann er von neuem aufzubauen. Der Herr des Lebens hielt seine segnende Hand über ihn und nach zehn Jahren härtester Arbeit, durfte er ein schönes Heimwesen sein eigen nennen.

Aber das Maß seines Unglückes war noch nicht voll. Eines Tages fand man in seinem Gebiet Kohle. Rücksichtslos jagte man den alten Häuptling von Hof und Haus und steckte ihn in die verhaßte San Carlos-Reservation, wo er aus Gram und Verzweiflung starb.

Cochise schließt Frieden

„Welches mögen wohl die wahren Gründe für Cochises Friedensschluß mit den Weißen gewesen sein, Geronimo? Könnt Ihr mir auf diese Frage antworten?"

Der Häuptling berichtigte.

„Nicht Cochise hat den Frieden gesucht, sondern seine weißen Widersacher! Der Häuptling stand auf der Höhe der Macht. Mit Recht durfte er sich als Sieger über die Generale fühlen. Er hat nie um Frieden gebeten, — die Bleichgesichter haben ihn umgestimmt."

„Aber warum hat er den Weißen nachgegeben und das Kriegsbeil begraben?"

„Cochise war tapfer und weise, aber das Wesen des weißen Mannes hat er nie erfaßt. Zwei Bleichgesichter lernte er als aufrichtige Freunde schätzen und er glaubte, nun seien alle Bleichgesichter so geworden. Das war sein Fehler. Als er den Kampf einstellte, dauerte der Frieden nicht länger, als bis zu seinem Tode. Und nicht einmal das. Während Cochise und seine Sippe, die Chiricahua-Chokonen, mit den Weißen die Friedenspfeife rauchten, kämpften die meisten andern Stämme weiter. Auch Geronimo mit den Chiricahua-Bedonkohe. Aber trotzdem war Cochise ein großer Mann gewesen, und alle Apachen bewahren ihm ein gutes Andenken."

*

Captain Thomas J. Jeffords war früher Posthalter in Tucson gewesen und in dieser Eigenschaft öfters mit Cochise in Berührung gekommen. Die beiden Männer hatten sich schätzen gelernt, denn Jeffords besaß einen ehrlichen, lauteren Charakter. Er hatte um seiner Freundschaft mit dem Apachenhäuptling willen viel Spott und Ungemach ertragen müssen. Aber er wurde deshalb in seiner menschlichen Gesinnung nicht wankend.

Als Cochise dann den Kriegspfad beschritt, war für Jeffords in Tucson kein Bleiben mehr. Der Pöbel bedrohte ihn mit Mord, da er unentwegt an seiner Ueberzeugung festhielt, daß Bascom falsch gehandelt habe. Das Postunternehmen, eben die Transkontinentale Post-Passagier-Gesellschaft, ließ aber ihren treuen Angestellten nicht fallen und versetzte ihn an einen anderen Posten. Auch kämpfte er unter General Grant im Bürgerkrieg.

Der Indianeraufstand verursachte dieser Gesellschaft natürlich schwere Verluste. Praktisch lag der gesamte Verkehr während zehn Jahren lahm. Da wollte es der Zufall, es war im Jahre 1871, daß einer der Direktoren in Jeffords Haltestelle abstieg und mit dem jungen, aufgeweckten Angestellten ins Gespräch kam. Jeffords hörte von den schweren Sorgen der Gesellschaft und bekam auch Kenntnis von der Absicht des Direktors, mit dem damaligen Oberkommandierenden im Südwesten, General Otis O. Howard, genannt der „christliche

General" — weil er die Bibel so gut kannte wie die Bücher der Strategie — über die Möglichkeiten eines Friedensschlusses zu unterhandeln.

Jeffords lächelte.

„Ich würde mich wohl getrauen, Cochise aufzusuchen und mit ihm einmal darüber zu sprechen, Sir."

Aufs höchste überrascht, starrte der Direktor seinen Angestellten an.

„Wie, Jeffords, höre ich recht? Ihr würdet Euch zutrauen mit dem Häuptling zu sprechen? Wie kommt Ihr dazu?"

Nun erzählte der Posthalter von seinen früheren Begegnungen mit Cochise und gab seiner Ueberzeugung Ausdruck, daß der Häuptling ihn auch heute noch als Freund betrachten werde.

Zweifelnd wiegte der Direktor seinen Kopf hin und her.

„Bedenkt, Jeffords, Cochise ist ein unberechenbarer Wilder. Eure Chancen am Leben zu bleiben, wären gering. Tatsache ist zwar, daß Cochise den Vertrag mit uns nie verletzt hat. Aber trotzdem, — ich weiß nicht, ich weiß nicht?"

„Darf ich erfahren, wie Ihr mit Cochise ins Gespräch kommen wollt, Sir?" fragte Jeffords.

Der Direktor zögerte.

„Eigentlich wäre das Geheimsache. Aber ich will Euch gegenüber offen sein, Jeffords. Hört zu: Ich bin von unserer Gesellschaft ermächtigt, dem General Howard vorzuschlagen, den Häuptling gefangen zu nehmen und ihn vor die Entscheidung zu stellen, entweder den Frieden zu unterzeichnen oder als Kriegsverbrecher abgeurteilt zu werden."

Jeffords brach in ein lautes Lachen aus.

„Das ist doch wohl nicht Ihr Ernst, Sir! Seit Jahren versuchen ja die Soldaten, Cochise in ihre Gewalt zu bringen. Und glaubt Ihr wirklich, daß ein solcher Schurkenstreich, falls er überhaupt gelingen würde, einen guten und dauerhaften Frieden zur Folge hätte? Nie und nimmer, Sir!"

Jeffords hatte sich erregt vom Stuhl erhoben und zornroten Angesichts auf seinen peinlich berührten Vorgesetzten eingesprochen. Plötzlich fühlte er, daß auf diese Weise kein Ziel zu erreichen war und versöhnlich fügte er bei: „Nehmt meinen Vorschlag an, Sir. Ich versichere Euch, daß es mir gelingt, mit Cochise ins Gespräch zu kommen. Die Gefahren, die ich naturgemäß auf mich nehmen muß, sollen Euch und die Gesellschaft nicht kümmern. Wartet solange, bis ich zurückkehre. Dann wollen wir weitersehen."

Nach vielen widerstrebenden Bedenken stimmte der Direktor endlich zu.

•

In der Morgenfrühe des anderen Tages verabschiedete sich Jeffords von seiner jungen Frau und dem Vorgesetzten. Er stieg in den Sattel, winkte nochmals und wollte eben dem Pferde die Sporen geben, da rief der Direktor aufs höchste bestürzt: „Halt, Jeffords, Ihr seid ja unbewaffnet!"

Der Reiter zügelte das ungeduldige Tier.

„Ich weiß, Sir. Für meinen Auftrag ist es besser, wenn ich unbewaffnet bin, good bye!"

Er galoppierte davon.

„Aber das ist ja reiner Selbstmord", wandte sich der Direktor an Jeffords Frau. Sie lächelte ihn zuversichtlich an.

„Oh, Thomas weiß schon, was er tut."

Kopfschüttelnd trat der Herr zurück.

*

Der Apachenkrieger beugte sich vor, um besser sehen zu können. Schon längst hatte er, weit in der Wüste draußen, die aufwirbelnde Staubwolke bemerkt und Cochise darauf aufmerksam gemacht.

„Mein Bruder halte seine Augen offen und rufe mich wieder", trug ihm der Häuptling auf.

Er hielt mit seinen Kriegern den Apachenpaß, die Eingangspforte ins Land der Chiricahua, besetzt, wo er die Ankunft eines ihm gemeldeten Wagenzuges abwarten wollte.

Wieder rief ihn die Stimme des Spähers.

„Ein einzelner Reiter ist es nur. Niemand folgt hinter ihm!"

Scharf beobachteten die zwei Indianer. Plötzlich richtete sich Cochise auf. Erstaunen, Freude und Mißtrauen wechselten auf seinem schönen, etwas melancholischen Antlitz.

„Das ist ja Jeffords, mein weißer Bruder!"

Er sah, daß der Reiter keine Waffen trug. Mit einigen Sprüngen war Cochise auf der Paßstraße und tauchte unversehens vor Jeffords auf.

Der Weiße zeigte sich nicht im mindesten erschrokken. Freude überglänzte sein schweißtriefendes Gesicht und er beugte sich nieder, um des Häuptlings Rechte zu schütteln. Lange hielten sie sich an den Händen.

„Es ist Krieg, mein weißer Bruder", sagte Cochise mit seiner dunklen Stimme, aber mit einem warmen Unterton herzlicher Zuneigung, „es ist Krieg, und trotzdem kommst du zu Cochise?"

„Leider hast du recht, Häuptling", erwiderte Jeffords und stieg aus dem Sattel, „schon allzulange dauert dieses Morden. Es wäre Zeit, ein Ende zu machen!"

Cochise sah den Besucher prüfend an. Ein jähes Mißtrauen glomm in den halbverdeckten Augen. Aber das Gesicht des Weißen war ohne Falsch. Eine ehrliche, ruhige Heiterkeit strahlte von ihm aus. Des Häuptlings Zweifel wichen.

„Cochise hat den Krieg nicht angefangen, Thomas", grollte er. „Deine Brüder haben es so gewollt und an ihnen liegt es, das Kriegsbeil zu begraben."

„Deswegen habe ich dich ja aufgesucht, Cochise. Wir wollen über den Frieden sprechen.“

„Wer hat dich geschickt, Thomas?“

Wieder umdüsterte tiefes Mißtrauen den Blick des Häuptlings.

„Niemand, Häuptling. Aber ich weiß, daß viele von uns den Krieg satt haben.“

Cochise legte seine Hände auf die Schultern Jeffords und betrachtete ihn lange und aufmerksam. Dann faßte er ihn am Arm.

„Komm, laß mich hören, was du zu sagen hast.“

*

Die Aussprache dauerte die ganze Nacht bis zum nächsten Morgen. Todmüde, aber glücklich und zufrieden, verabschiedete sich Jeffords von Cochise.

„Spätestens, wenn die Sonne zweimal untergegangen ist, werde ich mit dem General an dieser Stelle eintreffen. Erwarte mich, Cochise!“

Der Häuptling hob grüßend seine Hand und blickte dem Reiter nach, bis er im staubigen Dunst verschwunden war.

Dann versammelte er seine Krieger. Offen und ehrlich berichtete er ihnen von der mit Jeffords vereinbarten Abmachung, und von der Möglichkeit eines bevorstehenden Friedens.

Die Meinungen der roten Männer waren geteilt. Geronimo, Loco, Nana, Mangus und Chatto widersetzten sich scharf jeglichen Friedensbemühungen und erklärten zum voraus, daß sie nie gewillt seien, die Waffen niederzulegen. Victorio hingegen ergriff die Partei des Häuptlings.

„Wir wollen abwarten, was die Weißen zu sagen haben", meinte er.

Schmerzlich berührte es Cochise, daß sogar sein Sohn Nachez gegen ihn auftrat und sich auf die Seite der von Geronimo angeführten „Harten" schlug. Aber nichts konnte ihn davon abhalten, den eingeschlagenen Weg zu verlassen. Er hatte sein Wort gegeben, und dabei blieb es. Feierlich machte er die Widerspenstigen darauf aufmerksam, daß sie im Falle eines Friedens im Gebiet der Chokonen nichts mehr zu suchen hätten.

*

Offen gesagt, der Direktor der Transkontinentalen Post-Passagier-Gesellschaft hatte nicht mehr damit gerechnet, daß Jeffords zurückkehren würde. Um so größer aber war sein Erstaunen, als der mutige Mann am späten Nachmittag des andern Tages hoffnungsfroh wieder erschien. Und beim Anhören des Berichts wandelte sich sein Erstaunen sogar in zuversichtlichen Optimismus. Er packte Jeffords vergnügt an den Schultern.

„Wir werden Euch diesen Dienst nie vergessen, Mann! Aber jetzt haben wir keine Zeit mehr zu verlieren. Auf zu General Howard!" —

Sie erreichten den General mitten in der Nacht und fanden ihn über eine große Karte gebeugt. Flackerndes Kerzenlicht erhellte das dürftige Innere des Blockhauses. Außer einem Tisch standen noch einige wacklige Stühle und ein anspruchsloses Feldbett im Raum.

General Howard bat die Besucher Platz zu nehmen. Dann knöpfte er seinen Waffenrock zu und ließ den ersten Generalstabsoffizier und den Adjutanten rufen.

Er wandte sich an den Direktor.

„Ihre Ankunft wurde mir für gestern gemeldet, Sir. Da Sie nicht erschienen, hatte ich Ihretwegen ernstliche Bedenken. Für morgen habe ich bereits eine Suchaktion eingeleitet. Das ist ja nun, Gott sei Dank, nicht mehr notwendig. Hoffentlich haben Sie nicht Ungemach gehabt, sei es der Apachen wegen oder den nicht minder wilden Angehörigen unserer Rasse, die leider Weg und Steg unsicher machen."

Der Direktor dankte für die Nachfrage und entschuldigte sich für sein verspätetes Eintreffen. Als er nun die Gründe dafür erläuterte und anschließend Jeffords bat, seine Begegnung mit Cochise zu erzählen, weiteten sich die Augen der Offiziere.

General Howard strich seinen weißen Bart.

„Eigentlich müßte ich die Herren bestrafen für ihr eigenmächtiges Vorgehen. Sie haben sich da unbefugt und ohne Auftrag in unsere Angelegenheiten hineingemischt."

Die beiden andern Offiziere nickten bestätigend und der Adjutant knurrte respektlos: „Wo würde das hinführen, wenn wir uns von jedem Hergelaufenen in die Suppe spucken ließen?"

General Howard warf dem Offizier einen scharfen Blick zu und sagte: „Mäßigen Sie sich, Wilson, und antworten Sie gefälligst erst, wenn Sie gefragt werden."

Mit freundlichem Ernst fuhr er dann fort: „Allerdings, wenn das stimmt, was uns Mister Jeffords hier berichtet hat, dann muß ich schon sagen, daß wir dem Frieden ein gutes Stück näher gekommen sind."

Er faßte plötzlich den Posthalter ins Auge.

„Sie sind Captain, Jeffords?"

„Yes, Sir!"

„Wo Dienst geleistet?"

„Während des Bürgerkrieges im 16. Infanterie-Regiment, Kompagnie B. In der Armee des Generals Ulysses Grant."

„Gut so. Und Häuptling Cochise verlangt also, daß ich mit Ihnen allein und unbewaffnet in sein Lager reite?"

„Yes, Sir!"

„Weiß Gott, er verlangt viel! Aber ich glaube Ihnen, Jeffords. Wann können wir reiten?"

„Morgen früh, Herr General!"

„Abgemacht!"

Jetzt wollte sich der Generalstabsoffizier protestierend einschalten. Er trat vor Howard. Seine Stimme zitterte vor Erregung.

„Aber, Herr General. Sie können doch nicht..."

Mit einer Handbewegung schnitt ihm der Oberbefehlshaber das Wort ab.

„Ich habe meinen Entschluß gefaßt, Major. Und es bleibt dabei. Ich danke für Ihre Bemühungen. — Uebrigens habe ich heute aus Washington Bescheid erhalten, daß ich auf Monatsende nach Oregon versetzt werde. General Crook wird mein Nachfolger sein. Ich wäre glücklich, ihm ein befriedetes Land übergeben zu können."

*

Unangefochten erreichten der General und sein Begleiter den Apachenpaß. Unterwegs waren sie noch einem langen Wagenzug begegnet. Howard hatte anhalten lassen und den Anführer gefragt: „Kommt Ihr vom Apachenpaß her, Sergeant?"

„Zu Befehl, Herr General, vom Apachenpaß."

Howard zog die Augenbrauen hoch und überblickte die lange Kolonne der staubbedeckten Wagen.

„Nichts von Apachen bemerkt? Kein Ueberfall?"

„No, Sir!"

„Unglaublich", murmelte der Offizier. Dann winkte er dem Sergeanten. „Gut! Zieht weiter, aber haltet die Augen offen!"

Wohlwollend ruhte sein Blick auf dem stramm aufgerichteten Unteroffizier, und freundlich grüßte er jeden einzelnen Mann.

„Zum Teufel!" brüllte der Sergeant plötzlich, „die reiten ja in der falschen Richtung weg! Herr General! Hoooo! General..."

Aber Howard hob abwehrend den rechten Arm, und bald waren die beiden Reiter im aufwirbelnden Staub verschwunden.

*

Cochise empfing die Unterhändler mit gemessener Zurückhaltung. Sein Freund Jeffords stellte ihn dem General vor und als dieser dem Häuptling die Hand entgegenstreckte, erwiderte Cochise mit festem Druck den Gruß.

„Die Gesichter der Weißen sind ohne Falsch", sprach er, „seid willkommen im Lager der Apachen."

Sie setzten sich und rauchten das Kalumet. Dann begannen die schicksalschweren Besprechungen.

Die Verhandlungen waren zäh und oft schwierig zu führen. Aber die Partner spielten mit offenen Karten, und zuletzt kam eine Einigung zustande. Ein jeder, der General und der Häuptling, mußten gewisse Zugeständnisse machen, bis Jeffords, der die Apachensprache meisterlich beherrschte, das Abkommen schriftlich niederlegen und beide Dokumente vom General und vom Häuptling unterzeichnen ließ. Cochise ritzte mit dem

Messer seine Haut, bestrich den Daumen der rechten Hand mit dem herausquellenden Blute und preßte zweimal den Abdruck auf die Verträge.

Bewegt erhob sich der General und umfaßte Jeffords und Cochise.

„Unser gemeinsamer Gott", sagte er, „hat sichtbar unsere Schritte geleitet. Möge unsere Vereinbarung dem Lande den so bitter notwendigen Frieden bringen, zum Wohle der weißen und roten Menschen. Du, Cochise, wirst den Vertrag noch mit deinen Verbündeten besprechen, und ich werde ihn dem Großen Vater in Washington zur Bestätigung vorlegen. Nachher wird er rechtskräftig. Ich danke dir, Häuptling! Du warst ein tapferer Krieger, und jetzt hast du dich als großer Staatsmann erwiesen."

*

Die Regierung in Washington hieß die Abmachung gut. Das bedeutete Frieden für einen großen Teil Arizonas. Wieder durften die Postkutschen ungehindert durch den Apachenpaß rollen. Von einem Tage auf den andern stiegen die Aktienkurse der Transkontinental-Post-Passagier-Gesellschaft an den Börsen. —

Cochise hingegen hatte eine heftige Auseinandersetzung mit seinen Häuptlingen zu bestehen. Aber er wich und wankte nicht. — Geronimo und die andern mußten sein Gebiet verlassen. Nachez fügte Cochise wohl den größten Schmerz zu, denn er wandte sich von seinem

Vater ab, um mit den Unversöhnlichen weiter gegen die Bleichgesichter zu kämpfen. — Victorio und die Seinen ergaben sich den Weißen. Man ließ sie vorläufig unbehelligt, nachdem man ihnen die Waffen weggenommen hatte. Später verfügte dann ein untergeordneter Beamter ihre Einweisung in die wüste und trostlose San Carlos-Reservation. Ob er wohl wußte, daß damit der Funke zu einem neuen Indianerkrieg entzündet wurde?

*

Häuptling Cochise lebte bis zu seinem Tode 1874 in friedlicher Nachbarschaft mit den Weißen. Als er seine Sterbestunde nahen fühlte, ließ er nach Jeffords rufen. Ungesäumt beeilte sich der treue Freund, um noch einmal an der Seite seines roten Bruders zu weilen. Cochise hatte gewünscht, auf den Apachenpaß geführt zu werden. Er zeigte auf den schicksalschweren Pfad, der so viel Blut gekostet hatte und flüsterte: „Sei immer gut zu den Apachen, Thomas! Hilf ihnen, daß sie den Weg zum Frieden finden. Die Weißen sind mächtiger als wir. Mit der Waffe allein werden sich die Indianer nicht mehr wehren können. Ich möchte nicht, daß mein Volk untergeht. Thomas, bleibe auch weiterhin unser Freund..."

Seine Rede brach ab.

Tief ergriffen drückte Jeffords dem toten Häuptling die Augen zu. Während die Krieger und Frauen ihren

Klagegesang anstimmten, hoben Thomas und zwei Unterhäuptlinge die Leiche auf das Lieblingspferd des Verstorbenen. Langsam führten sie das Tier einem schmalen Pfad entlang, der vor dem tiefen Felsabbruch einer engen Schlucht endete. Jeffords zog seine Pistole und setzte sie dem Pferd an die Schläfe. Donnernd widerhallte das Echo des Schusses in den Schründen, und Roß und Reiter stürzten in den Abgrund.

Der Dolmetscher klopfte Geronimo auf die Schulter.

„Ich meine", sagte er, „ich meine, daß du unklug gehandelt hast, damals, als du gegen den Rat von Cochise weiter auf dem Kriegspfade geblieben bist."

Wie von einer Natter gebissen, fuhr Geronimo herum.

„Unklug? Wieso?"

„Du hättest dir und den Deinen manches Ungemach ersparen können. Deine Hartnäckigkeit hat das Militär zur Weißglut getrieben."

Böse schaute der Häuptling den Sprecher an.

„Der weiße Mann führt eine kühne Zunge", zischte er, „er weiß gut, daß Goyathlay machtlos ist! Glaube mir, hätte Cochise länger gelebt, ihm wäre der Weg Ezkimenzins nicht erspart geblieben. Oder er würde heute noch in eurem großen Gefängnis ‚Alcatraz' schmachten, wie der Häuptling Ka-Ya-Ten-Nae! Der weiße Mann kennt keine Wahrheit, und was er spricht ist Lüge."

Der Dolmetscher wollte etwas entgegnen, aber barsch fiel ihm der zornige Geronimo ins Wort: „Wo sind heute die Leute Cochises? Etwa noch am Apachenpaß? Gehe hin und wenn du dort einen von ihnen triffst, dann sage es mir. Sie haben Frieden geschlossen, und trotzdem wurden sie in die Reservationen gepfercht. Viele seiner Krieger sind später mit mir gezogen."

Dem Journalisten war diese Auseinandersetzung peinlich. Er bedeutete dem Uebersetzer zu schweigen, dann richtete er an Geronimo die Frage: „Als Cochise Frieden schloß, ging der Krieg außerhalb seines Gebietes weiter, nicht wahr?"

Der Häuptling bejahte.

*

In Wahrheit dauerte der Apachenkrieg im Südwesten ohne Unterbruch von 1835 bis 1886, also volle einundfünfzig Jahre. —

Als Cochise das Kriegsbeil begraben hatte, fehlte den Indianern wohl die einheitliche Führung, aber deswegen gebrach es ihnen doch nicht an Kampfesmut. Im Gegenteil, für die Weißen wurde der Krieg immer schwieriger, weil er sich jetzt auf tausend kleine, ständig wechselnde Schauplätze verteilte. Dem Nachfolger Howards, General George Crook wurde ein schweres Erbe übergeben. Ein anderer hätte daran verzweifeln können.

Aber General Crook, von den Indianern „Grauer Wolf" genannt, trat mit der ihm eigenen Tatkraft und Erfahrung an die Aufgabe heran. Wie vor ihm Howard, behandelte er die Apachen als Menschen und wo er von Ausschreitungen Weißer gegen die Roten Kenntnis bekam, zögerte er nicht, die Fehlbaren schwer zu bestrafen. Die gefangenen Krieger behandelte er milde, kümmerte sich um sie und war dafür besorgt, daß ihnen menschenwürdige Bedingungen geschaffen wurden. Eine wesentliche Unterstützung fand er in der Person des Quäkers Vincent Colyer, der vom Präsidenten, General Ulysses Grant, beauftragt worden war, die Indianerfrage im Südwesten zu studieren und gemeinsam mit dem militärischen Oberbefehlshaber nach einer dauernden Lösung zu suchen.

Bevor Crook die Feindseligkeiten fortsetzte, besuchte er mit Colyer viele unschlüssige Häuptlinge, die zwischen Krieg und Frieden schwankten. Er erklärte und versprach ihnen, falls sie gewillt wären, den Kriegspfad zu verlassen, würde er dafür sorgen, daß sie gut behandelt und ausreichend ernährt würden. Falls sie jedoch den Kampf vorzögen, würde er ihren Widerstand unbarmherzig brechen. General Crooks Auftreten verfehlte auf viele Häuptlinge seinen Eindruck nicht. Sie vertrauten sich dem bärtigen „Grauwolf" an und in Zusammenarbeit mit Colyer sorgte er dafür, daß seine Versprechen wahr gemacht wurden.

Das war aber noch nicht alles. Als nächstes schickte er die Maricopa- und Pimaspäher nach Hause. Er hatte erfahren, daß der Einsatz dieser Erbfeinde der Apachen militärisch kaum von Nutzen gewesen war und überdies den Haß der widerspenstigen Stämme verstärkte. An ihrer Stelle rekrutierte er aus den Reservationen die besten Krieger. Er steckte sie in blaue Armeeuniformen, gab ihnen Waffen und faßte sie in straff geführte Einheiten zusammen. Diese kluge Maßnahme Crooks, Apachen gegen Apachen kämpfen zu lassen, war nicht mit Gold aufzuwiegen. Natürlich fühlten sich die Krieger durch das Vertrauen des „Grauwolfs" geehrt und strengten sich an, ihr Bestes zu geben. Sie wurden zu den grimmigsten Feinden ihrer wilden Brüder und da sie die gleichen Fähigkeiten besaßen, war es hauptsächlich ihnen zu danken, wenn dem Militär auf die Dauer der Erfolg nicht versagt blieb. Allerdings haben die Vereinigten Staaten den Apachenkundschaftern — „Augen der Armee" wurden sie von Crook genannt — ihre Dienste schlecht gelohnt.

Als im Jahre 1886 der unerbittliche Geronimo endlich gefangen und mit seinem ganzen Volke, auch mit jenen, die sich an seinen Streifzügen seit Jahren nicht mehr beteiligt, sondern friedlich in den Reservationen gelebt hatten, nach Florida in ein Konzentrationslager überführt wurde, traf die treuen Apachenkundschafter das gleiche Schicksal! Wohl erhoben sich viele und maßgebliche Stimmen gegen dieses ungeheuerliche Unrecht. So schrieb zum Beispiel Captain Bourte, einer der kühnsten Offiziere jener Zeit:

„... und trotzdem wurde jeder einzelne dieser treuen Kundschafter, ja sogar Kayitha und Martine, die unter Lebensgefahr in die Sierra Madre gedrungen waren, die versucht hatten, Geronimo zur Kapitulation zu überreden, zur gleichen Strafe verurteilt, wie ihre Gegner. Mit ihnen wurden auch alle andern Kundschafter in die Gefangenschaft geschickt und alle jene Apachen, die seit Jahren nie mehr Krieg geführt hatten, — es sei denn, auf Seite der Regierungstruppen. Es gibt in der Geschichte von den Beziehungen zwischen der Regierung und den Indianern kein düstereres Kapitel, als den Verrat an den treuen Kundschaftern."

Im Spätherbst 1872 begann General Crook seinen Feldzug gegen die unversöhnlichen Indianer. Die Zahl der „Harten" war stark zusammengeschmolzen. Infolge des frühen Wintereinbruchs konnten sie nicht mehr ins Gebirge fliehen. Außerdem hatte der jahrelange Krieg das Wild vertrieben oder ausgerottet. Sie hatten mit schweren Nahrungssorgen zu kämpfen und trotz der Kälte trauten sie sich kaum mehr ein Feuer anzuzünden, seit die Apachenkundschafter mit den Weißen gemeinsame Sache machten. Aber ungebrochen blieb ihr fanatischer Wille, sich den Bleichgesichtern nicht zu ergeben.

Crook eröffnete die neuen Feindseligkeiten im Tonto Basin, wo sich größere Banden wilder Apachen verborgen hielten. Das Tonto Basin war ein von mächtigen, waldbekleideten Gebirgszügen umgebenes, ausgedehntes Hochgebirgsplateau, dessen Falten, Schluchten und Dickichte manchen Unterschlupf boten.

Der Kampf im Tonto Basin

Nantaje, der Apachenkundschafter führte das Bataillon des Majors Brown, das General Crook zum entscheidenden Vorstoß eingesetzt hatte. Der Weg zog sich durch Schnee und Eis, über unwirtliche Grate und Spitzen immer tiefer in das Gebirge hinein. Nach fast übermenschlichen Strapazen erreichten die Soldaten endlich den Salt-River-Canyon, wo sich, wie Nantaje behauptete, eine Höhle befinden mußte, in der sich eine große Bande wilder Apachen versteckt hielt.

Nun war höchste Vorsicht geboten, denn die Indianer durften keine Ahnung vom Nahen der Soldaten bekommen. Es wäre ihnen sonst ein leichtes gewesen, einen ihrer meisterhaften Hinterhalte anzulegen und das ganze Bataillon zu vernichten.

Unter Führung des unermüdlichen Nantaje arbeitete sich die Truppe des Nachts schweigend und verbissen vorwärts. Es war ein langer und nervenzermürbender Marsch. Jeden Augenblick konnte ein Kugelschauer aus heimtückischem Versteck herniederprasseln; jeder Schritt und jeder Griff barg unbekannte Gefahren, denn zerrissene Felsen und gähnende Schluchten unterbrachen oft genug den schmalen Pfad. Endlich sahen sie von ferne glimmende Feuer durch die rabenschwarze Nacht leuchten.

Sie verdoppelten ihre Vorsicht. Nantaje schlich voraus und kehrte nach langer Zeit mit dem entmutigenden Bescheid zurück, die Lagerfeuer seien verlassen. Die Gefahr wuchs mit jedem Schritt. Mit aller Wahrscheinlichkeit mußte angenommen werden, daß die Indianer das Bataillon entdeckt und sich zur Verteidigung eingerichtet hatten. Aber Major Brown kannte kein Zurück. Er hatte seine Befehle, und überdies genoß der Kundschafter sein volles Vertrauen. Go ahead! [1]

Wie ein Spürhund witterte der Apache herum. Seine scharfen Augen nahmen trotz der Finsternis jede Einzelheit wahr, und mit tastenden Händen erfühlte er am Boden die wenigen Spuren.

Das Bataillon erreichte einen schroffen Abgrund. Wieder untersuchte Nantaje das Gelände, während die Soldaten kälteschaudernd warteten. Plötzlich zeigte der Kundschafter in die unergründliche Tiefe hinab.

„Dort unten!"

Ein Trupp ausgewählter Scharfschützen entledigte sich der Marschschuhe und kletterte mit dem Apachen hinab. Als sie vorsichtig einen überhängenden Felsblock umgingen, bot sich ihren erstaunten Augen unversehens ein eigenartiges Bild.

Keine zehn Schritte von ihnen entfernt, wölbte sich ein terrassenförmiger Felsenvorsprung. Auf dieser na-

---

[1] Go ahead (engl.) = Vorwärts!

türlichen Plattform brannten einige Feuer. Frauen kochten über den Flammen, Kinder spielten, und eine Gruppe von Männern saß vor dem Eingang zu einer Höhle. Eintöniger Gesang wehte den überraschten Soldaten entgegen.

Leise entsicherten sie ihre Waffen und zielten auf die Krieger. Krachend zerriß eine Salve die nächtliche Stille.

Sechs Apachen blieben reglos liegen, alle anderen verschwanden laut schreiend in der Höhle.

Major Brown ließ die Indianer so einschließen, daß ein Entweichen kaum zu befürchten war. In seinem Auftrag schlich Nantaje so nahe als möglich heran und forderte die Belagerten zur Uebergabe auf.

Eine tiefe Männerstimme antwortete ihm voller Verachtung.

„Du Verräter an deinen Brüdern, schere dich fort! Wir ergeben uns nicht. Apachen kämpfen bis zum Tode."

„So schickt wenigstens die Frauen und Kinder heraus, daß wir sie in Sicherheit bringen", erwiderte Nantaje.

„Sie gehören zu uns, und sie bleiben bei uns!"

Zweifelsohne fühlten sich die Apachen in ihrer natürlichen Festung sicher. Sie zählten rund hundert Seelen, meistens Frauen und Kinder. Ihnen gegenüber lagen mehr als dreihundert gut bewaffnete Soldaten. Es war ein ungleicher Kampf, der aber von den Apachen mit der gewohnten wilden Tapferkeit ausgefochten wurde.

Die Soldaten schossen auf jeden Flecken rote Haut. Namentlich zielten sie auch auf die Höhlenwandung, um Prellschüsse zu erwirken. Kinderweinen und Frauenklage mischten sich mit den unheimlichen Gesängen der Männer.

Major Brown wiederholte seine Forderung nach Uebergabe. Eine Weile blieb alles stumm. Plötzlich ertönten wilde, unmenschliche Schreie.

„Achtung!" warnte Nantaje. „Bald werden sie angreifen!"

Die Soldaten packten ihre Karabiner fester.

Wie ein unwirklicher Spuk erschienen ihnen die nächsten Ereignisse. Zwanzig nackte, nur mit Pfeil und Bogen bewaffnete Krieger, verließen die Höhle. Es waren starke, geschmeidige Gestalten und furchtbare Kämpfer. Ein Pfeilschauer sauste den Soldaten entgegen. Dann warfen die Apachen ihre Waffen weg und stürzten sich mit bloßem Messer auf die Bleichgesichter. Doch die Kugeln waren schneller, und einer nach dem andern warf die Arme in die Höhe. Nur einem einzigen war es gelungen, mit mächtigem Panthersprung die Belagerungskette zu durchbrechen. Behende erreichte er eine kleine Klippe, zog sich hinauf und wähnte sich vor dem Feuer sicher.

Er streckte seinen mächtigen Körper und begann den Kriegsgesang anzustimmen, um seine noch in der Höhle verborgenen Brüder zum Aushalten anzuspornen.

Er sah nicht das Aufblitzen der Karabinerläufe in der Morgensonne, sah nicht, wie die Mündungen sich ihm entgegenkehrten. Zwei Schüsse peitschten und streckten den Tapferen nieder.

Jetzt war die Stellung der Belagerten in der Höhle verzweifelt geworden. Ununterbrochen feuerten die Soldaten. Major Brown wollte unbedingt die Entscheidung erzwingen. Aber immer wieder erklangen die wilden Gesänge auf, um das Stöhnen der Verwundeten zu übertönen.

Ein kleiner Bub von etwa fünf Jahren trat aus der Höhle. Unsicher sah er sich um und lutschte am Daumen. Da streifte ihn eine Kugel. Zu Tode erschrocken, begann das Kind laut zu weinen. Plötzlich prellte Nantaje wie ein Blitz hervor, packte den strampelnden Knaben und verschwand wieder. (Dieser Bub wurde von einer Familie in Chicago aufgenommen. Er besuchte später die Universität und eröffnete um die Jahrhundertwende in der gleichen Stadt eine gut besuchte Arztpraxis.)

Jetzt begannen die Soldaten große Felsblöcke auf die Plattform hinunterzustoßen, wo sie mit lautem Getöse aufprallten. Die herumfliegenden Splitter richteten unter den zusammengedrängten Indianern schreckliche Verwundungen an.

Endlich verstummten die Gesänge. Das Weinen und Stöhnen erstarb. Vorsichtig schlichen die Soldaten näher. Nantaje blickte als erster in die Höhle. Was er sah, ließ diesem harten Krieger das Blut gefrieren.

Siebzig Frauen und Kinder und neun Krieger lagen tot am Boden.

Die Soldaten hatten keine Verluste erlitten.

*

Bis zum Jahre 1874 waren die Operationen Crooks erfolgreich abgeschlossen. Ein Häuptling nach dem andern bot seine Unterwerfung an. Jetzt begehrten sie nichts weiter mehr als einen guten Frieden und in Ruhe leben zu können. General Crook versprach ihnen, diese Wünsche zu erfüllen, wenn sie sich ohne Widerstand in die Reservationen einweisen ließen. Viele Tausende wurden auf die Gebiete von Camp Verde, San Carlos und Fort Apache verteilt.

Und jetzt begann General Crook mit der gleichen Hartnäckigkeit, wie vorher auf dem Kriegspfade, um bessere und menschenwürdigere Bedingungen für die Indianer zu kämpfen. Diese Aufgabe war vielleicht noch schwerer, als die militärische. Stellte sich ihm doch das Problem, ein wildes Nomadenvolk zu seßhaften und gutartigen Bauern zu erziehen. Er löste die ungemein schwierige Aufgabe mit außerordentlicher Geschicklichkeit. Vor allem weckte er in seinen Schützlingen das Gefühl, sie seien nach wie vor frei und nicht in der Gefangenschaft ihrer Besieger. Er verlangte aber, daß sie arbeiten sollten und nach Möglichkeit für ihre Ernährung selber aufkommen konnten. Innerhalb ihrer Reservationen durften sie sich ungehindert bewegen. Aber sie mußten einen Nummernschild um den Hals tragen, um die Kontrolle zu erleichtern. Auch förderte er die Einrichtung indianischer Gerichtshöfe und stellte eine Polizeitruppe aus Apachenkriegern zusammen. Immer wieder versicherte er den Häuptlingen, daß zwischen ihnen und den Weißen kein Unterschied sei.

*

Aber mitten in seinem Befriedungswerk, das so vielversprechende Anfangserfolge gezeitigt hatte, wurde General Crook abberufen. Nie wäre er im Südwesten nötiger gewesen, als gerade in diesem Uebergangsstadium. Kaum war er weggefahren, schlüpften die weißen Geier wieder aus ihren Verstecken.

„Geronimo hat mit dem ‚Nantan Enchau', dem dicken Häuptling, den die Apachen ‚Grauer Wolf' nannten, bis aufs Messer gekämpft. Heute weiß ich, daß General Crook ein Freund des Indianers war. Aber die andern Bleichgesichter haben zweimal mutwillig zerstört, was der Grauwolf aufgebaut hatte."

Der Journalist stimmte dem Häuptling zu.

„Es war für Indianer und Weiße ein Unglück, daß man General Crook abberufen hat. Viele schlechte Bleichgesichter waren gar nicht damit einverstanden, wie Crook die Apachen behandelte. Ihnen lag nur daran, die Indianer auszubeuten und auf deren Kosten rasch reich zu werden."

Grimmig nickte der Häuptling.

„Der weiße Mann hat wahr gesprochen. Ich will ihm jetzt erzählen was geschah, als Crook den Südwesten verließ." —

*

Die San Carlos-Reservation war die Hölle. Sie lag in einem Wüstengebiet des White Mountains-Gebietes. 45 Grad im Schatten betrug die durchschnittliche Sommertemperatur dieses Schreckensortes. Regen war so selten wie grüner Pflanzenwuchs. Außer einigen Kreosotsträuchern und komisch gespreizter Kakteen gedieh nichts, was zur Nahrung oder auch nur zur Erbauung der Menschen hätte beitragen können. Es wimmelte von blutgierigen Moskitos und gefährlichen Giftschlangen. Erstickende Sandstürme gehörten zur täglichen Erscheinung, wie die brütende Gluthitze.

Und diese höllische Einöde wurde zum Schicksal der Apachen!

Nach General Crooks Weggang gewannen wieder die rücksichtslosen Lieferanten in Tucson, die Mörder aus Tombstone und die gewissenlosen, verbrecherischen Indianeragenten Oberwasser. Ihnen war es gelungen, die Regierung in Washington zu veranlassen, daß alle Indianer nach San Carlos gebracht wurden. Mit roher Gewalt vertrieb man die Apachen aus ihren Heimstätten. Sogar das Volk des Häuptlings Cochise und der Stamm Victorios wurden, trotz Vertrag und verbriefter Rechte, aus ihren Jagdgründen herausgejagt und nach San Carlos verbannt. Zu Hunderten siechten die Roten dort dahin, und zu Tausenden erkrankten sie an Malaria und Tuberkulose. Sie litten Hunger und Durst. Die wenigsten besaßen ein Dach über ihrem Haupte. General Crook hatte sie arbeiten gelernt, jetzt waren sie wieder zur Untätigkeit verdammt.

Wie Schmeißfliegen strichen die habgierigen Bleichgesichter um die bedauernswerten Rothäute herum und betrogen sie noch um ihre letzten Habseligkeiten.

Aber die Apachen waren kein Volk, das sich ohne Widerstand ergab. San Carlos wurde ihnen nicht nur zum Schicksal, sondern auch zum Fanal der Empörung.

Häuptling Victorio von den Mimbreno führte den ersten Schlag. Er entzündete die erloschene Fackel des Aufruhrs, entschlossen, sich eher im Kampfe töten zu lassen, als an diesem trostlosen Ort der Hoffnungslosigkeit zu verenden.

Dieser Victorio war ein würdiger Nachfolger der Häuptlinge Juan José, Mangas Coloradas und Cochise's! Groß und gut gewachsen, ein Riese von Gestalt, mit einem ausdrucksvollen Gesicht. Das lange schwarze Haar fiel bis auf die breiten Schultern. In ihm vereinigten sich reiche Kriegserfahrung mit scharfsinniger Intelligenz. Er war ein militärischer Führer von hohen Qualitäten, dabei tapfer bis zur Tollkühnheit und einer fast unglaublichen Geschmeidigkeit, die ihn und seine Krieger den an Zahl und Waffen weit überlegenen Gegnern immer wieder entwischen ließ.

1877 brach Victorio mit einigen Hundert seiner Leidensgenossen aus San Carlos aus. Mordend und plündernd zog er durch New Mexico und ergab sich wieder, als sein erster Rachedurst gestillt war. Man wies ihn in die Mescalero-Agentur ein, wo etwas bessere Verhältnisse herrschten. Dort lebte er friedlich, nachdem die Weißen versprochen hatten, ihn künftighin in Ruhe zu lassen. Kaum hatte er sich an die neue Umgebung gewöhnt, wurde ihm von verläßlicher Seite zugetragen, daß die „americanos" einen Prozeß vorbereiteten, um ihn wegen Raubmordes hinzurichten.

Victorio zögerte keinen Augenblick. Zum zweitenmal brach er aus, diesmal in Begleitung von rund vierhundert Männern, Frauen und Kindern.

Häuptling Victorios Todesritt

Die ganze Nacht vor ihrem zweiten Ausbruch tanzten Victorio und seine Verschworenen. Mächtige Feuer lohten gegen den sternenübersäten Himmel. Zuckender Flammenschein umglühte die aufgereizten, zum Letzten entschlossenen Krieger. Ein unwirkliches, gespenstisches Bild. Immer wieder sangen sie die gleichen Worte:

„Herr des Lebens!

Wir treten zum Sterben!

Nimm die Angst aus unseren Herzen!

Mache uns tapfer und mutig!"

Ununterbrochen klopften die Holzschlegel auf die hohlen Baumstämme. Ohne Ruh' und ohne Rast stampften die Füße den sandigen Boden. Es war der Rachetanz, dem die verzweifelten Apachen huldigten. So unerbittlich, wie sie in dieser Nacht tanzten, wollten sie nachher kämpfen!

Am andern Morgen waren Victorio und seine Anhänger verschwunden. Wie ein böses Ungewitter fuhr er durch den Südwesten und Nordmexiko. Wohl hatten Militär und Behörden Großalarm befohlen; wohl hefteten sich Tausende von gut bewaffneten Soldaten und Hunderte von kriegserfahrenen und listenreichen Indianerkundschaftern an seine Fersen. Aber Victorio zeigte sich seinen Gegnern haushoch überlegen. Er war überall und nirgends.

Kreuz und quer trieb er seine Verfolger im Lande herum. Seine blutigen, verzweifelten Ueberfälle wurden mit so verblüffender Taktik ausgeführt, daß selbst die in vielen Kriegen geschulten Generalstabsoffiziere hilflos ihre Köpfe schüttelten. Noch nie hatte man etwas Aehnliches erlebt! Der Mimbreno wurde zum Schreckensgespenst der Soldaten und zum stetigen Alpdruck der verängstigten Zivilbevölkerung. Sein Mut und seine Kühnheit waren unglaublich. Selbst stark befestigte Truppenplätze und große Siedlungen wurden von ihm angegriffen. Den Soldaten schnappte er die Pferde unter den Händen weg. Riesige Viehherden stahl er mit solcher Meisterschaft, daß selbst die luchsäugigen Cowboys nichts davon merkten. Jeder Kaktus, jede Schrunde, jedes Gebüsch bot den Kriegern ausreichend Deckung. Es gab kein Gelände, in dem sie sich nicht unsichtbar anzuschleichen wußten. Weder Kälte, weder Hitze noch sonst etwas hemmte ihren Angriffswillen. Sie kämpften in der Wüste, wie in den steilsten Felsenwänden.

Des Häuptlings Todesritt zog sich über viele Jahre dahin. In New Mexico, Arizona, Texas, in Chihuahua und Sonora, war kein Soldat, kein Bürger, kein Fort und kein Dorf vor den entfesselten Apachen sicher. Eben noch wurden sie in der Sierra Madre gesehen, und schon schlugen sie wieder irgendwo in Nordamerika zu.

*

Victorios Standlager, wo die Frauen und Kinder weilten, befand sich hoch oben im wilden, unzugänglichen Candelaria-Gebirge in Chihuahua. Wie ein Adler horstete er in den Felsen und diesem Raubvogel gleich, unternahm er seine ausgedehnten Streifzüge. Wurde ihm das Gewimmel der ihn verfolgenden Soldaten zu dicht, oder hatte er einen besonders beutereichen Schlag geführt, so pflegte er sich für einige Wochen in seinem unauffindbaren Schlupfwinkel zu verkriechen. Dann atmeten die Weißen wieder auf und schöpften neue Hoffnung. Aber solche Ruhepausen waren nie von langer Dauer. Sie reichten Victorio gerade aus, Kräfte zu sammeln und weitere, noch kühnere Pläne zu entwerfen. Eines seiner Meisterstücke bestand darin, daß er dem Gouverneur von Chihuahua eine Herde von fünfhundert Pferden stahl und sie durch einige seiner Krieger im benachbarten Sonora verkaufen ließ. Mit dem Erlös erhandelte er sich bei gewissenlosen und geldgierigen Händlern Waffen und Munition.

In den Candelariabergen befand sich ein Dorf namens Carizzal. Dessen Bewohner hegten schon lange den Verdacht, daß sich irgendwo in ihrer Nähe eine Bande Apachen herumtreiben müsse. Allerdings dachten sie nicht im entferntesten etwa an Victorio. Viel eher vermuteten sie eine kleine, versprengte Gruppe, die auf eigene Faust ihre Raubzüge unternahm. Als bei einer Gelegenheit dem Alcalden Rodriguez, einem hablichen Viehzüchter, einer seiner schönsten Stiere gestohlen wurde, machte er sich mit fünfzehn Männern auf, um die Banditen zu suchen und — wenn möglich, zu fassen.

Ohne besondere Vorsicht, lachend und schwatzend, ritten sie in das Gebirge. Für sie war das ein seltenes und willkommenes Abenteuer, denn Carizzal war ein kleines und abgeschiedenes Nest, das nur wenig Abwechslung bot. — Victorios Späher erblickten die frohgemuten Reiter schon von weitem und der Häuptling fand genügend Zeit, ihnen einen Hinterhalt zu legen. Die nachfolgende Tragödie dauerte nur wenige Minuten. — Als Rodriguez und die Seinen nicht mehr ins heimatliche Dorf zurückkehrten, begann man sich zu ängstigen. Weitere vierzehn Männer begaben sich auf die Suche nach den verschollenen Dorfgenossen — und fanden das gleiche Ende.

Jetzt wurden die Dörfler von panischer Furcht ergriffen. Sie sandten einen Boten nach Presidio del Norte, um militärische Hilfe herbeizuholen. Der kommandierende General bot eine Kompanie Soldaten auf und schickte sie in die Berge. Unterwegs schloß sich ihnen noch eine starke Streife Texas-Rangers[1] unter dem Kommando von Colonel Baylor an, die nach gemeinsamer Vereinbarung der Regierung auch in Mexiko

[1] Texas-Rangers = Nordamerikanische Elitetruppe.

nach Victorio suchte. Sie stießen wohl auf die Leichen der getöteten Mexikaner, aber nicht auf die Apachen. Der Häuptling war vorsichtig nach Norden ausgewichen.

*

Aber dieser ungleiche Kampf mußte einmal ein Ende nehmen. Victorio war bereits mehrfach verwundet worden und spürte die Beschwerden des Alters. Frauen und Kinder litten oft bittere Not. Nur mit letzter Anstrengung konnten sie die ungeheuren Strapazen noch aushalten. Ueberdies war die Truppe der Krieger im Laufe der Jahre und der unablässigen Kämpfe auf ein kleines Grüpplein zusammengeschmolzen. Geblieben war einzig der fanatische Wille, sich dem Feinde gegenüber zu behaupten.

Man zählte das Jahr 1880.

Die Weißen verdoppelten ihre Anstrengungen, um Victorios tot oder lebendig habhaft zu werden. In enger Fühlung entwarfen der amerikanische und der mexikanische Generalstab ihre Operationen. Was ihnen seit 1877 nicht gelungen, — in diesem Jahre mußte es vollbracht werden!

Im Oktober hatte Victorio mit hundert Kriegern und etwa gleichviel Frauen und Kindern wieder einmal in Mexiko Zuflucht gesucht. Er fand ein günstiges Versteck in der Gebirgskette Tres Castillos, wo er sich gut geschützt wähnte. Aber jetzt hatte sich das Schicksal gegen ihn entschieden. Zufällig entdeckte nämlich ein Tarahumareindianer den Rastplatz der ermatteten Apachen und eilte, seine wichtige Wahrnehmung dem mexikanischen General Terrazas zu verraten. Ungesäumt brach der Offizier mit starker Truppenmacht auf und es gelang ihm tatsächlich, die lang gesuchten Indianer einzukreisen.

Wohl fochten die Apachen mit dem Mut der Verzweiflung, allen voran der Häuptling. Aber die Kraft des Feindes war zu groß und als nach langem, blutigem Ringen das triumphierende Trompetensignal des Hornisten den Sieg verkündete, war Victorios dreijähriger Todesritt zu Ende gegangen.

*

Kurze Zeit nach Victorios Tod verließ der achtzigjährige Häuptling Nana an der Spitze von vierzig Kriegern die San Carlos-Reservation. Während drei Monaten zog er mordend und brandschatzend in dem von Truppen dicht besetzten Lande herum. Ueber tausendfünfhundert Kilometer lang war seine Spur und auf diesem Weg raubte er Hunderte von Pferden, tötete sechzig Männer und nahm zwölf Frauen gefangen. Nana war gichtleidend, litt furchtbare Schmerzen, aber sein unbändiger Haß gegen die Bleichgesichter ließ ihn alle Beschwerden überwinden. Nachdem sein Rachedurst genügend gestillt, verschwand er irgendwo in den mexikanischen Bergen. Victorios Niederlage und Tod waren gerächt!

Im Sommer 1881 war es der Medizinmann Noch-A-Del-Klinne, der in Cicicu aufstand und eine große Zahl erbitterter Stammesgenossen um sich sammelte. Mit leidenschaftlichen Reden putschte er die Indianer gegen die Weißen auf. Bald drohte der schwelende Brand zu einer riesigen Feuersbrunst zu werden. — Eilends schickten die Behörden den Colonel Carr mit einem Regiment nach dem Herd des Aufstandes, wo es dem Offizier durch listenreiches Vorgehen gelang, sich des gefährlichen Medizinmannes zu bemächtigen. Aber die Apachenkrieger eilten ihrem Anführer zu Hilfe und es kam zu einer richtigen Schlacht, in der die Soldaten nur dank ihrer besseren Bewaffnung Sieger blieben. Noch-A-Del-Klinne wurde während des Kampfgetümmels von einem Offizier erschossen. — Oberst Carr war noch mit dem Zählen seiner Verluste beschäftigt, da wurde er dringend nach Fort Apache gerufen. Der Häuptling Ma-Ti-O-Tisch hatte sich an die Spitze von fünfundsiebzig Kriegern gestellt und sich durch Flucht der verhaßten weißen Herrschaft entzogen. Während Wochen verfolgten die ermüdeten Soldaten den aufrührerischen Häuptling und stellten ihn endlich im Diablo-Canyon. Diese Schlucht lag in einem vulkanischen Gebirge und war ungefähr dreihundert Meter tief und ebenso breit. Es entspann sich ein wilder Kampf, der hüben und drüben viele Opfer kostete. Erst als den Häuptling die tödliche Kugel traf, ergaben sich die wenigen noch überlebenden Apachenkrieger. Keiner war unter ihnen, der nicht aus mehreren Wunden geblutet hätte. Am andern Morgen machten sich die Truppen zum Abmarsch bereit. Plötzlich fiel ein Schuß, und ein Unteroffizier stieß den Todesschrei aus. Sofort gingen die Soldaten in Deckung. Erst nach geraumer Weile sahen sie hinter einem Geröllhaufen eine flüchtige Bewegung. Wütendes Schnellfeuer deckte die Stellung zu. Aber der verborgene Feind wußte sich gut zu tarnen. Noch zweimal knallte seine Flinte, und jede Kugel traf ihr Ziel. Oberst Carr ließ eine Kanone bereitmachen. Nach minutenlangem Geschützfeuer stürmten die Soldaten vor und fanden die Leiche einer jungen Apachenfrau. Mit ihrem leblosen Körper deckte sie ein ungefähr sechs Monate altes Knäblein, das wunderbarerweise unversehrt geblieben war. Ihre ganze Munition hatte aus drei Patronen bestanden!

Noch ehe das Regiment sein Standquartier wieder erreichte, traf eine neue Alarmmeldung ein: Die Chiricahua-Apachen hatten San Carlos verlassen! Ihre Anführer waren Geronimo, Nachez und Chatto!

*

Sterling, ein Anführer der Reservationspolizei, wollte einen halbwüchsigen Apachenbuben, der ihm einen Streich gespielt hatte, verprügeln. Aber der Knabe war flinker als sein Verfolger und versteckte sich in einer Gruppe Frauen. Als Sterling, rot vor Zorn, die Herausgabe des Schlingels verlangte, wurde er von den Indianerinnen ausgelacht. Blindwütend schlug der Weiße seinen Karabiner an, und eine junge Frau mußte den verletzten Stolz Sterlings mit ihrem Leben bezahlen.

Dieser Mord warf den Funken ins Pulverfaß. Geronimo begab sich zum Agenten und verlangte die Bestrafung des Täters. Der Beamte wußte nichts Gescheiteres zu tun, als den aufgebrachten Häuptling durch seine Schergen zum Büro hinauszuwerfen. Nun übten die Chiricahua Blutrache. Noch am gleichen Abend töteten sie Sterling und schnitten seinen Kopf ab. Anderntags, als der Agent wie gewohnt in sein Büro wollte, fand er die schaurige Trophäe über der Türe angenagelt. Bleich vor Angst eilte er zum Truppenkommandanten. Aber der Offizier hörte dem Bericht nur flüchtig zu, denn kurze Zeit vorher hatte er die Meldung erhalten, daß fünfundsiebzig Apachen, eingeschlossen Frauen und Kinder, aus der Reservation ausgebrochen waren.

Außer den genannten Häuptlingen befanden sich noch Alopé, die letzte von Geronimos Frauen, ihr Sohn Chappo, Geronimos Schwester Nadeste und seine Brüder Tuklonen und Porico unter den Geflohenen. Vor dem Ausbruch hatte Geronimo versucht, den einäugigen Mimbrenohäuptling Loco zum Mitkommen zu überreden. Aber Loco konnte sich nicht entschließen, dieses Abenteuer mitzumachen.

Trompetensignale gellten durch die Reservation, und die Soldaten eilten zu ihren Pferden. In den Büros tickten die Telegraphen. Meldereiter spornten ihre schnellen Renner zu höchster Geschwindigkeit an.

Alarm! Alarm!

Geronimos große Stunde hatte geschlagen!

Geronimo entzündet die Fackel

Die in Eile alarmierten Truppen kamen zu spät. Es war, als hätte der Erdboden die ausgebrochenen Apachen verschluckt. Wochenlang suchte man fieberhaft nach den Entflohenen. Ohne Erfolg! Dann gab das Kommando die ergebnislose Verfolgung auf. — In den nächsten Monaten blieb alles ruhig — aber diese beängstigende Ruhe war unheimlich, gefahrendrohend! Die Gewißheit, daß sich irgendwo eine Bande wilder Apachen herumtrieb, ließ die Bevölkerung des Friedens nicht froh werden. Früher oder später würden die Wilden — wie ein Blitz aus heiterem Himmel — unvermutet wieder auftauchen und zwar dort, wo man sie bestimmt am wenigsten erwartet hätte.

Geronimo und die Seinen waren irgendwo in der Sierra Madre verborgen. Späher hatten ihm berichtet, daß Soldaten Weg und Steg besetzt hielten und daß jede Stadt, jeder Weiler und jeder Rancho zu Festungen eingerichtet würden. Der Häuptling lachte verächtlich. „Goyathlay versteht zu warten. Wenn die Zeit gekommen ist, wird er wie ein Ungewitter über die Bleichgesichter herfallen."

Man machte ihn darauf aufmerksam, daß die Mexikaner sorgfältig alle Ausgänge von der Sierra Madre abriegelten.

„Ho-o, wir verschwenden kein Pulver für die Buntröcke[1]. Die Apachen werden sie mit Steinen erschlagen!"

Das Jahr 1881 ging zu Ende, und das neue nahm seinen Anfang. Welches Unheil lag in seinem Schoß verborgen?

In einer rabenschwarzen Aprilnacht strich ein starker Trupp berittener Apachenkrieger zwischen den lodernden Wachtfeuer der mexikanischen Soldaten hindurch, überschritt unbemerkt den Rio Grande, der dort die Grenze zwischen den Staaten bildet und schlug die Richtung nach San Carlos ein. Den Kriegern voraus ritten die Häuptlinge Geronimo, Nachez und „Flachnase" Chatto. Einige Tage später erreichten sie ihr Ziel: San Carlos!

Zu spät bemerkten die überraschten Soldaten des zur Reservation gehörenden Camps Goodwin die heranwirbelnde Staubwolke. Ehe sie sich wehren konnten, war das Unglück schon geschehen. Einem Sturmwinde gleich, überfielen die staubbedeckten, auf schäumenden Pferden sitzenden Apachen das Indianerlager. Geronimo hielt dem einäugigen Häuptling Loco das geladene Gewehr vor die Brust und forderte ihn auf, sich ihm mit seinem Volke anzuschließen. Wohl oder übel mußte der zaudernde Loco sich dem drohenden Befehl fügen. Und

[1] Buntröcke = Spottname für die mexikanischen Offiziere.

schon wieder rasten die Indianer südwärts und verschwanden von neuem in dem unzugänglichen Gebirge der Sierra Madre. Durch Locos Zuwachs betrug die Stärke der Aufrührer nunmehr an die dreihundert Seelen, eingeschlossen Frauen und Kinder.

*

Geronimo hegte hochfliegende Pläne und setzte sie dem erbosten Loco auseinander.

„Kein Bleichgesicht wird sich getrauen, seinen Fuß in dieses Gebirge zu setzen, solange die Apachen hier verborgen sind. Mein Bruder Loco sehe die hochragenden Felsenwände, die tiefen Schluchten und die dichten, schwarzen Wälder. Hier werden die Apachen wieder zu einem freien Volke. Es hat genügend Wild und reichlich klares Wasser. Wir werden weder Hunger noch Durst leiden müssen. Sollten uns die Weißen trotzdem angreifen wollen, werden wir ihnen zu begegnen wissen."

Aber Loco war so leicht nicht zu überzeugen.

„Geronimo ist wie ein Kind, das nur in den schönsten Farben malt. Was weiß er von den Bleichgesichtern und ihrer Macht? Nichts! Rein nichts! Die Zahl der Soldaten ist größer als die Schwärme der Heuschrecken, die über die Prärie fliegen. Ihre Waffen sind den Pfeilen und Bogen weit überlegen. Sie werden uns hier nicht in Ruhe lassen und ihr Wille uns zu töten, ist härter als der härteste Fels. Geronimo ist ein Tor, er hat unklug gehandelt!"

Locos hohnvoll-bitterer Tadel entfachte Geronimos Zorn.

„Ein feiger Coyote heult am Feuer der Apachen! Loco schimpft Goyathlay einen Narren und er beschimpft damit auch Mangus, den tapferen Sohn des Häuptlings mit den roten Aermeln — und Nachez, den Sohn des großen Cochise. Sie beide denken wie Geronimo. Wir sind Brüder. Was der eine spricht, ist die Rede der andern. Was der eine tut, ist die Tat der andern. Gehört Loco nicht mehr zu den Apachen? Hat er sich mit den Bleichgesichtern verbündet, daß er so zu sprechen wagt?"

So stritten die Häuptlinge hin und her. Loco war nicht zu überzeugen, aber er machte gute Miene zum bösen Spiel. Geronimos Jähzorn und sein abgründiger, verzehrender Haß gegen die Weißen ließen es dem Mimbrenohäuptling geraten erscheinen, vorläufig abzuwarten. Früher als Loco selbst gedacht haben mochte, sollten sich seine ahnungsvollen Worte erfüllen. Und ein tragisches Schicksal hatte gerade ihn — den Warner! als Opfer ausersehen! Wenige Tage nach der heftigen Auseinandersetzung begaben sich die Mimbrenokrieger auf die Jagd und ließen ihre Frauen und Kinder unter der Obhut einiger alter Männer im Lager zurück. Ein unglücklicher Zufall wollte es, daß herumstreifende mexikanische Truppen unter dem Obersten Garcia das wehrlose Apachendorf entdeckten. Der ehrgeizige Oberst ließ sich diese willkommene Gelegenheit, Lorbeeren zu ernten, nicht entgehen und griff unverzüglich an.

Wohl wehrten sich die Ueberfallenen mit dem Mute der Verzweiflung. Ein nahezu hundertjähriger, verkrüppelter Greis hatte sich hinter einen Kaktus geworfen und acht mexikanische Soldaten erschossen, ehe ihn ein Bajonett durchbohrte. Aber Garcias Truppe war in der Uebermacht, und das Schicksal der Indianer schien besiegelt.

Des Häuptlings beutebeladene Krieger, auf dem Rückwege begriffen, hörten das knatternde Gewehrfeuer. Angst und Rache ließen ihnen Flügel wachsen. Rasend vor Wut erreichten sie den Kampfplatz und warfen sich den Soldaten mit solcher Macht entgegen, daß Garcia sich nur durch schimpfliche Flucht vor einer entehrenden Niederlage retten konnte.

*

Oberst Garcia hatte durch seine Tat Oel in das Feuer gegossen. Hochauf schlugen die Flammen der Empörung und jetzt begann jener jahrelange Indianerkrieg unter der Führung Geronimos, dessen Geschehnisse alles übertrafen, was bisher die Kämpfe zwischen Roten und Weißen an Hohem und Niedrigem kennzeichnete.

Der Graue Wolf taucht wieder auf

„Als General Crook unser Land verlassen hatte, wurden die Apachen von den Bleichgesichtern schlimmer denn je behandelt", sagte Geronimo zum Journalisten, „aber nicht deswegen hat man ihn zurückgerufen, sondern um mich und meine Krieger zu bekämpfen. Ist es nicht so?"

„Ihr habt recht, Häuptling", bestätigte der Weiße, „man hat den General wieder nach Westen geschickt — es war im Sommer 1882 — als sein ganzes, von ihm so mühsam errichtetes Werk, vernichtet worden war. Vor kurzem schilderte er mir selber, was für entsetzliche Zustände er damals angetroffen hat. Die Indianer in den Reservationen litten bittere Not und waren von ständiger Furcht erfüllt. Längst waren die Postkutschen verschwunden. Eisenbahnschienen durchzogen das Land. Telegraphenlinien verbanden die wie Pilze aus dem Boden schießenden Städte. Die Weißen strömten in riesigen Massen nach dem Südwesten und machten den Roten noch die letzten kläglichen Reste ihrer einstigen Jagdgründe streitig. Es gab unter den Bleichgesichtern viel übles Pack, ich weiß es wohl. Banditen, Wegelagerer und Spieler, deren Verbrechen für uns kein Ruhmesblatt sind."

Geronimo zog die Decke enger um seine Schultern.

„Nie werden die Indianer vergessen, was die Bleichgesichter ihnen an Leid zugefügt haben. Man hat mich einen Räuber genannt und mich des Mordes angeklagt. Aber niemand sprach davon, wie die Weißen unsere Frauen und Kinder getötet und unser Land gestohlen haben. Gewiß, ich weiß heute, daß der Graue Wolf mit den Apachen fühlte und sie zu verstehen suchte. Er besuchte die Reservationen, jagte die Bleichgesichter fort und sorgte dafür, daß die Indianer genug zu essen hatten. Aber General Crook war allein. Und wo er den Rücken kehrte, bekam das Verbrechen wieder Oberhand."

„Immerhin", warf der Journalist ein, „General Crook hat doch die berüchtigte San Carlos-Reservation aufgehoben, und die Insassen nach dem kühleren und fruchtbareren Hochland geführt..."

„... und dann hat man ihn gezwungen, gegen Geronimo zu kämpfen, um ihn zu vernichten!" fuhr der Häuptling grimmig fort.

*

Geronimos Bande setzte sich aus den härtesten und wildesten Apachen zusammen, die sich verschworen hatten, der weißen Uebermacht bis zum Letzten Widerstand zu leisten. Der Häuptling wußte von der Rückkehr Crooks. Auf geheimen Wegen erhielt er von seinen Anhängern in den Reservationen Berichte und er vernahm, daß der Grauwolf mit eiserner Faust Ordnung schaffen wollte. Geronimo beschloß aus diesem Grunde, mit weiteren Feindseligkeiten gegen die Nordamerikaner zuzuwarten und hielt sich dafür an den Mexikanern schadlos, die für die Bluttat ihres Obersten Garcia fürchterlich büßen mußten.

Als die Verhältnisse immer schlimmer wurden, wandte sich die Regierung in Mexiko von neuem an Washington und bat um Truppenhilfe gegen die Apachen. Die USA entsprachen dem Begehren und befahlen General Crook, mit den Operationen gegen Geronimo zu beginnen. Mit ausdrücklicher Erlaubnis der Regierung von Mexiko wurde er ermächtigt, die Landesgrenze zu überschreiten. Später wurde ihm sogar der Oberbefehl über die vereinigten amerikanischen und mexikanischen Truppen übertragen.

In dieser Lage konnte auch Geronimo keine Rücksicht mehr nehmen. Für ihn ging es jetzt um Leben oder Tod.

Ende März 1883 zog Chatto mit sechsundzwanzig Kriegern nordwärts und betrat das Gebiet der Vereinigten Staaten. Während einer Woche geisterte der listige Häuptling wie ein gefährliches Gespenst im Lande herum und verübte in dieser Zeit unzählige Ueberfälle, namentlich auf kleinere Truppenlager. Die Indianer hatten es hauptsächlich auf Waffen und Munition abgesehen. Wohl setzten sich sofort Tausende von Soldaten gegen den Häuptling in Marsch. Aber Chatto erreichte, trotzdem er einen ganzen Wagenzug erbeuteter Gewehre und Patronenkisten mit sich führte, unangefochten wieder den Schlupfwinkel in der Sierra Madre. Dieser erfolgreiche Ritt hob die Zuversicht der Apachen ganz wesentlich. Sie fühlten sich stark und hegten ein unerschütterliches Vertrauen in die Kriegskunst ihrer Häuptlinge.

General Crook hatte seine rothäutigen Gegner nie unterschätzt. Deshalb konnten ihn weder Chattos Ueberfälle, noch die Schmähungen der Weißen, die ihn der militärischen Unfähigkeit zeihten, aus der Ruhe bringen. Zäh und methodisch bereitete er den Feldzug vor, den er nie gewollt hatte. Als er sich endlich stark genug fühlte, das war im Mai 1883, holte er zum Gegenschlag aus.

Mit einer Abteilung ausgesuchter Kavallerie, einer Saumtierkolonne und mit zweihundert zuverlässigen Apachenkundschaftern überschritt er die Grenze und näherte sich der Sierra Madre.

Captain Bourte befehligte die Scouts. Lesen wir, was er über diese besten Soldaten zu berichten wußte: „An der Spitze unserer Kolonne und neben den Saumtieren glitten lautlos die Apachenkundschafter. Diese Indianer boten einen prachtvollen Anblick. Sie waren schlank wie Tannen, hatten eine gewölbte Brust, gerade Schultern und geschmeidige, muskulöse Glieder. Das Haar umrahmte wie eine schwarze Flut die scharf geschnittenen Gesichter, die mit gelber Pflanzenfarbe und Tierblut bemalt waren. Den ganzen Tag, vom Morgen bis zum späten Abend, selbst in der größten Hitze, behielten sie eine Geschwindigkeit, die sich fast mit der eines trabenden Pferdes messen ließ. Nebenher hielten sie ständig Ausschau nach Spuren und Zeichen, die sie ohne die geringste Schwierigkeit deuten konnten. Wenn die Zeit zum Lagern herannahte, merkte man ihnen die Anstrengung des Marsches kaum an, und auch dann noch hatten sie alle möglichen Dinge vor, bevor sie wirklich ausruhten. Sie suchten Wurzeln der Yukkapflanze, die sie zum Waschen ihres langen Haares benutzten. Sie bauten Grashütten, in denen sie Dampfbäder nahmen, die sie sich herstellten, indem sie Wasser auf erhitzte Steine goßen. Dann bereiteten sie sich ein Lager aus Laub und Gras und legten sich, wie sie waren, zum Schlafen nieder."

Crook marschierte durch das halbtropische Flachland Sonoras. Allenthalben begegnete er den Spuren der Apachen: Niedergebrannte Ranchos, verwüstete Felder, getötetes Vieh. Die ganze Provinz schien lahmgelegt. Von einer verwaltenden Ordnung war nichts mehr zu sehen. Endlich erreichten die Truppen das Gebirge. Nur den Apachenkundschaftern war es zu verdanken, daß die Spuren in diesen zerrissenen, zerklüfteten Felsen nie verloren gingen. Mit einer erstaunlichen Sicherheit bewegten sich die Rothäute vorwärts, — immer tiefer in die Berge hinein.

Plötzlich stockte die Kolonne. Captain Bourte ließ nach General Crook rufen. Als sich der Oberbefehlshaber näherte, bot sich seinen Augen ein merkwürdiges Bild. Die Apachenkundschafter hatten fünf zerlumpte und völlig niedergebrochene Mexikanerfrauen gefunden.

Als diese des bärtigen Generals ansichtig wurden, überfielen sie ihn mit einem Schwall von zwischen Lachen und Weinen hervorgestoßenen Worten.

„Was soll es mit diesen Frauen?" wandte sich Crook mißbilligend an Captain Bourte.

„Die Kundschafter haben sie in einem Dickicht aufgegriffen, Sir. Ich hörte die Frauen Zeter und Mordio schreien, — kann mir wohl denken warum! — und eilte hinzu, um nach dem Rechten zu sehen. Ich meine, man sollte den spanischen Dolmetscher holen, denn ich glaubte, aus ihren wirren Worten wiederholt den Namen Geronimos zu vernehmen."

„Aha", erwiderte Crook plötzlich interessiert, „möglich, daß wir wichtige Auskunft über unseren Feind erhalten."

Das folgende Verhör bestätigte die Vermutung des Generals. Diese Frauen waren vor wenigen Tagen bei einem Ueberfall durch Geronimo verschleppt worden. Das Lager der Apachen, das übrigens sooft als möglich gewechselt wurde, schien nicht mehr weit entfernt. Die Krieger hatten sich heute auf die Jagd begeben, und bei dieser Gelegenheit ist den Mexikanerinnen die Flucht gelungen.

„Geronimo ist der Teufel selbst", erzählten sie schaudernd, „der Segen unserer Lieben Frau von Guadeloupe komme über Euch, General, wenn Ihr das Land von dieser Plage befreit."

Crook verlor keine Zeit. Umsichtig erteilte er seine Anordnungen. Ohne daß die im Lager gebliebenen Indianer etwas merkten, wurde der Schlupfwinkel eingekreist. Und nun wartete man auf den zurückkehrenden Geronimo.

Aber die Soldaten hatten einmal mehr den Scharfsinn des Häuptlings unterschätzt. Schon von weitem sah der Apache, als er ins Lager zurückkehrte, da und dort das verräterische Aufblitzen einer blankgeriebenen Waffe. Mißtrauisch geworden, schickte er einige Späher voraus und bald wußte er, daß die Soldaten sein Versteck gefunden hatten.

Nach einem kurzen Gewissenskampf entschloß sich Geronimo, mit dem Feind zu unterhandeln.

*

Stundenlang sprachen der General und der Häuptling miteinander. Crook verlangte anfänglich bedingungslose Unterwerfung. Doch Geronimo wußte sich geschickt und standhaft gegen diese harte Forderung zu wehren. Endlich gab der General nach und versprach dem Häuptling völlige Straflosigkeit, wenn er mit den Seinen und in

Begleitung der Soldaten nach dem Withe Mountains-Gebiet zurückkehre.

„Geronimo will das Kriegsbeil begraben, Grauwolf", erwiderte der Apache, „aber viele meiner Brüder streifen noch in den Wäldern herum und es wird einige Zeit vergehen, bis sie meine Nachricht erhalten haben. Höre, was ich dir sagen will: Du kehrst mit den Frauen und den anwesenden Kriegern zurück. Ich warte hier auf meine Männer und ehe der Mond zweimal gewechselt hat, werde ich bei dir sein. Shi-go-sh-k'anni sidja!"

General Crook kam der Vorschlag Geronimos sehr ungelegen. Aber er hütete sich, dem Häuptling sein tiefes Mißtrauen zu zeigen. Auch glaubte er, nach einer gewissen Ueberwindung, dem Apachen einen Vertrauensbeweis schuldig zu sein.

„Gut, Geronimo, ich bin einverstanden. Gib mir die Hand und versprich, daß deine Worte ohne Falsch sind."

Sie schüttelten sich ihre Hände, und am andern Tage rückten die Truppen ab. Die Soldaten frohen Mutes und ihr General bedrückt und von heftigen Zweifeln geplagt.

*

Die zwei Monate gingen vorüber, ohne daß Crook je etwas von Geronimo hörte. Dieses Warten wurde für ihn zu einer wahren Nervenprobe. Um das Maß dieser demütigenden Prüfung voll zu machen, erhielt er aus

Washington einen scharfen Tadel und mußte sich von den Zeitungen mit Hohn und Spott überschütten lassen. Trotzdem wollte der General einfach nicht glauben, daß Geronimo wie ein gewöhnlicher Lügner sein Wort gebrochen habe. Er sandte den Leutnant Britton Davis mit einigen Apachenscouts an den Rio Grande, um die mit Ungeduld erwarteten Apachen zu empfangen.

Die Geduld des Leutnants wurde auf eine schwere Probe gestellt. Indessen begnügte er sich nicht damit, untätig an der Grenze zu warten. Täglich schickte er Patrouillen nach Mexiko hinüber, um nach dem schlauen Fuchs Geronimo Ausschau zu halten. Und jeden Abend erhielt er den gleichen Bescheid: „Nichts gesehen, Sir!"

Nun befand sich bei den zugeteilten Apachenkundschaftern ein alter Medizinmann, der schon wiederholt Proben eines erstaunlichen Könnens abgelegt hatte. In seiner Bedrängnis wandte sich Davis schließlich an den Zauberer und fragte ihn, ob er herausfinden könnte, wo sich der gesuchte Geronimo aufhalte.

„Ich vermute, daß Geronimo sein Wort schon längst gebrochen hat und gar nicht daran denkt, in die Reservation zurückzukehren", sagte der Leutnant zum Medizinmann, „aber mein roter Bruder befrage einmal die Geister, damit wir klar sehen können."

Der Indianer neigte würdevoll sein narbiges Angesicht und kreuzte die Arme über der Brust. Dann verschwand er in seinem Zelte. Einen Tag und eine Nacht lang hörte man seinen beschwörenden Gesang und den Lärm der Rasseln. Während die Soldaten nur mit Mühe ein spöttisches Grinsen verkneifen konnten, waren die rothäutigen Scouts fest davon überzeugt, daß der Medizinmann mit seinem geheimnisvollen Tun Erfolg haben werde.

Wankend vor Müdigkeit verließ der Alte nach den Beschwörungen das Zelt. Ueber seinem Haupte schwenkte er eine hirschlederne Schnur, an der eine mit einem Loch versehene Scheibe befestigt war. Durch das rasche Kreisen der Schnur entstand ein eigenartiger, anhaltend singender Ton. So wanderte er um das Zelt, um das Lager und schritt anschließend je einige hundert Meter nach den vier Himmelsrichtungen. Dann kehrte er zum Lagerfeuer zurück, warf ein Pulver in die Flammen und erhob sein Gesicht den Sternen zu. Schweißtropfen bedeckten die bemalte Stirne. Plötzlich sank er zusammen und verkündete den erstaunten Zuschauern, daß er Geronimo gefunden habe.

„Zum Teufel, wo ist er, und was treibt er?" platzte Davis heraus.

Der Medizinmann strafte den Voreiligen mit einem mißbilligenden Blick.

„Der weiße Mann versteht nicht, seine Zunge im Zaume zu halten", verwies er den Frager. „Goyathlay wird hier eintreffen, wenn die Sonne viermal im Großen Wasser versunken ist. Er reitet ein weißes Pferd und führt große Beute mit sich."

„Glaubt den Schwindel nicht, Sir", knurrte ein bärtiger Sergeant, „der alte Halunke treibt ein Possenspiel mit Euch."

„Wollen abwarten", entgegnete der Leutnant kurz.

Die Apachenkundschafter schienen fest davon überzeugt, daß ihr Medizinmann die Wahrheit gesprochen habe, und gehässige Blicke streiften die höhnenden Soldaten. Als nach dem vierten Tag die Sonne mit glühender Pracht im Westen unterging, stieg die Spannung unter den Wartenden. Wetten wurden abgeschlossen und jene, die für den Medizinmann Partei ergriffen, konnten sich des Spottes ihrer Kameraden kaum erwehren.

Leutnant Davis ließ Alarmbereitschaft erstellen.

Am andern Morgen, die Truppe hatte eben ihren Kaffee getrunken, stieg im Süden eine Staubwolke hoch.

Der Medizinmann näherte sich dem Offizier und zeigte über den Fluß.

„Goyathlay kommt, wie ich gesagt habe."

•

Es war Geronimo!

Auf einem Schimmel ritt er an der Spitze einer Kavalkade von ungefähr hundert Kriegern und Frauen. Außerdem führte er einige hundert Rinder mit, die er den Mexikanern gestohlen hatte. Als er die wartenden Soldaten erblickte, umwölkte Unmut seine Stirne.

Empört wandte er sich an den Offizier.

„Was wartest du hier", schrie er Davis an, „habe ich

dem Grauwolf nicht mein Wort gegeben, freiwillig nach der Reservation zurückzukehren? Ich brauche dich nicht. Geh weg!"

Aber der Leutnant ließ sich nicht so leicht einschüchtern.

„Du bist gekommen, Geronimo", erwiderte er mit fester Stimme, „aber du bist spät gekommen, und deshalb haben wir dich hier erwartet. Der General wünscht, daß wir gemeinsam nach der Reservation reiten."

Das furchtlose Auftreten des Leutnants verfehlte seinen Eindruck auf den Häuptling nicht.

Merklich ruhiger geworden, antwortete er: „Laß uns hier rasten. Wir sind lange geritten. Dann werden wir weiterziehen, aber langsam, damit das Vieh nicht verloren geht."

Grimmig fügte er hinzu: „Goyathlay muß für seine Nahrung selber sorgen. In der Reservation gibt es nicht genug zu essen."

Dem Offizier war diese Verzögerung unangenehm. Mit Recht fürchtete er, daß die gereizte Bevölkerung sich nähern könnte, um an dem verhaßten Geronimo Rache zu üben. Trotzdem fügte sich Davis dem Willen des Häuptlings; ihm lag daran, Geronimo bei guter Laune zu halten.

Nach einem langen, nur mit wenigen Stundenhalten unterbrochenen Marsche, erreichte man Sulphur Springs im südlichen Arizona, wo Leutnant Davis einen Ruhetag einschalten wollte. Die Indianer trieben das Vieh zusammen und lagerten in nächster Nachbarschaft einer kleinen verlassenen Farm. Da erschien am frühen Nachmittag der Kreissheriff[1] mit einem Zollbeamten und wünschte den kommandierenden Offizier zu sprechen. Voll böser Ahnungen begab sich Britton Davis zu den Ankömmlingen.

Der Sheriff schob zur Begrüßung seinen breitkrempigen Hut in den Nacken, wechselte den Kautabak von einer Seite zur andern und spuckte bedächtig aus.

„Morning, Sir", brummte er, „kommen in amtlichem Auftrag zu Euch."

Davis erwiderte den Gruß und fragte: „Und dieser Auftrag lautet?"

Wieder spuckte der Sheriff zielsicher einen braunen Strahl Tabaksaftes auf einen eilig dahin krabbelnden Käfer.

„Muß den blutigen Geronimo und seine Kumpanen verhaften. Wegen Mord, Totschlag, Brandstiftung, Raub und Aufruhr. Werden jedenfalls gehängt, die Banditen."

Der Zollbeamte folgte dem Beispiel seines Gefährten. Ein zweiter Strahl traf den armen Käfer.

„Well, habe Befehl, das Vieh zu beschlagnahmen.

---

[1] Der Sheriff hatte in amtlichem Auftrage für Ruhe und Ordnung zu sorgen. Er repräsentierte die Staatsgewalt.

Nehme an, die Apachen haben keine Zollgebühren dafür entrichtet."

Davis räusperte sich.

„Tut mir leid, Mesch'schurs. Kann leider Eurem Wunsche nicht Folge leisten. General Crook, der Oberkommandierende im Südwesten, hat mir Befehl gegeben, die Indianer und das Vieh nach dem Withe Mountains-Gebiet zu führen. Ich hafte für die Sicherheit der Gefangenen."

Er wollte sich abwenden, aber der Sheriff hielt ihn zurück.

„Well, Leutnant, so schnell lassen wir uns nicht heim schicken." Er deutete auf den Messingstern[1] an seiner linken Brustseite. „Ich vertrete hier in diesem verdammten Lande die Regierung in Washington. Schätze, daß Euer General Crook der Regierung untergeordnet ist. Also steht mein Auftrag über Eurem Befehl. Setzt mir keine Schwierigkeiten entgegen, Leutnant."

Und der Zollbeamte ergänzte: „Ich repräsentiere das Finanzministerium. Der General Crook hat mit dieser hohen Behörde überhaupt nichts zu tun. Das Vieh gehört dem Staat und nicht diesen Injun."

Leutnant Davis empfand die Lage als außerordentlich ungemütlich. Hin und her wogte der Streit, und sie kamen zu keinem Ende.

---

[1] Abzeichen des Sheriffs.

Plötzlich traten die Wachen ins Gewehr. Davis sah sich überrascht um und gewahrte seinen Kameraden, Leutnant J. Y. F. Black, der auf schaumbedecktem Pferde ins Lager galoppierte.

Davis entschuldigte sich bei seinen Besuchern und bat sie, sich einen Augenblick zu gedulden. Dann eilte er freudestrahlend dem Ankömmling entgegen.

„Wie der rettende Engel erscheinst du im richtigen Augenblick", begrüßte er den Offizier, „was führt dich zu mir?"

Black konnte sich die Worte seines Freundes nicht erklären.

„General Crook hat mich geschickt. Ich soll dir beim Rücktransport der Apachen zur Seite stehen. Aber sage mir, was sollen deine rätselhaften Worte, Britton?"

„Ich habe Schwierigkeiten, mein Lieber", flüsterte Davis mit einem Seitenblick auf die wartenden Amtspersonen. Er faßte Black am Arm und führte ihn weg.

„Komm, laß dir erzählen."

*

Die beiden Offiziere heckten einen Plan aus, wie sie den Sheriff und den Zollbeamten überlisten könnten. Endlich wurden sie sich einig, daß Black, als der Dienstältere, das Kommando übernehmen und Davis befehlen sollte, nach dem Abendbrot mit den Amtspersonen weiter zu unterhandeln. Mit einigen Flaschen Branntweins, so überlegten Davis und Black, würden die Besprechungen bald zu Ende sein und der wackere Sheriff samt dem Zollbeamten in tiefen Schlaf versinken. Dann wäre Gelegenheit geboten, sich rasch und unbemerkt aus dem Staube zu machen. Damit der Plan bestimmt gelingen konnte, war es notwendig, auch Geronimo einzuweihen. Der Häuptling war sofort und mit großem Vergnügen für dieses Abenteuer zu haben. Als ihn Davis auf die verschiedenen, vielleicht noch auftauchenden Gefahren aufmerksam machte, lächelte Geronimo geringschätzig.

„Die Apachen werden sich samt dem Vieh davon schleichen, daß niemand auch nur das geringste merkt."

Des Sheriffs und des Zollbeamten Launen besserten sich sprunghaft, als Davis beim Eindunkeln mit einer ganzen Batterie Whiskyflaschen erschien. Sie verlegten den „Konferenzort" auf die Veranda des Farmerhauses und der Leutnant schaute während den Verhandlungen mit aufmerksamer Beflissenheit, daß die Gläser der ehrenwerten Regierungsvertreter nie leer wurden. Recht bald legten sich die beiden erheblich weniger Zurückhaltung auf, als noch vor wenigen Stunden und begannen laut zu prahlen und zu behaupten, sie hätten dem Militär ein Schnippchen geschlagen.

Mit wachsender Sorge bemerkte Davis indessen, daß er zweifelsohne das Trinkvermögen seiner Verhandlungspartner gehörig unterschätzt hatte. Unglaublich, was die beiden hinter ihre Binden gossen! Schon machte sich der Leutnant mit dem unangenehmen Gedanken vertraut, auch noch seine persönliche eiserne Reserve anzapfen zu müssen, als beim Sheriff die Wirkung des Stoffes ganz unerwartet einsetzte. Unversehens kippte er vom Stuhl, schlug krachend auf die Bretter — und war eingeschlafen. Verblüfft glotzte der Zollbeamte auf seinen Kollegen. Er erhob sich schwankend und ächzend, wohl um dem Sheriff wieder auf die Beine zu helfen. Vergebliches Unterfangen! Die Knie knickten ihm durch, und im nächsten Augenblick lag er ebenfalls längelang auf der Diele. Lautes Schnarchen verkündete, daß der erste Teil des Planes gelungen war. Jetzt verloren die Indianer und Soldaten keine Zeit. Behutsam, stumm und mit geübten Griffen wurde der Abmarsch vorbereitet. Noch einmal vergewisserte sich Davis, daß alles in Ordnung war, dann setzte sich die Karawane in Bewegung und verschwand in der Dunkelheit. — Leider wurde der Nachwelt nicht übermittelt, was für Reden die zwei Ueberlisteten am andern Morgen, angesichts des leeren Lagerplatzes gehalten haben. Immerhin ist anzunehmen, daß sie mit kräftigen Worten nicht knauserten!

*

Im Frühjahr 1884 gab es keine frei herum streifende Indianer mehr. Geronimo und die Seinen lebten in einer neu eröffneten Reservation am Turkey River, südwestlich des Forts Apache. Als ihr oberster Chef wurde Leutnant Britton Davis ernannt, mit dem sich die Apachen während ihrer Rückkehr gut angefreundet hatten. Der Leutnant bemühte sich seinerseits — und genoß dabei die wohlwollende Hilfe des Generals — den Apachen erträgliche Verhältnisse zu schaffen. Natürlich ging es nicht ohne Zwischenfälle und gegenseitige Reibereien. Den Indianern steckte der unbändige Freiheitstrieb noch tief im Blute — und Leutnant Davis war, trotz aller Guttaten, halt doch ein Weißer! Ohne Dolmetscher konnte er sich mit seinen Schützlingen überhaupt nicht verständigen. Immerhin hielt er es elf Monate aus und er durfte gute Hoffnung haben, daß sein begonnenes Befriedungswerk starke Wurzeln treiben würde.

General Crook indes sah sich von lauter Gegnern umringt. Das Reservationspersonal, zumeist übles Pack, das rasch reich werden wollte, verfolgte die Anordnungen des Oberkommandierenden mit scheelen Augen und sabotierte sie, wo sich dafür Gelegenheit bot. Dabei war die Aufgabe des Generals an und für sich schwierig genug. Sollte er doch innert kürzester Zeit aus den wilden Nomaden seßhafte Bauern machen. Zu allem Ueberfluß mischte sich die Regierung in Washington immer wieder in seine Bereiche ein. Sie wiederrief, oft ohne ihn zu informieren, die von ihm getroffenen Anordnungen, erteilte unmögliche Befehle und das Schlimmste: sie nahm die skrupellosen Weißen dem General gegenüber in Schutz.

Natürlich blieb dieser Zwist unter den Weißen den Indianern nicht verborgen. Sie machten sich ihre eigenen Gedanken darüber und verloren mit der Zeit jeden Respekt vor der Ueberlegenheit ihrer Besieger. Aber Crook verzweifelte nicht. Hartnäckig ging er seinen Weg weiter und mit besonderer Befriedigung stellte er fest, daß namentlich die Turkey River-Reservation, wo sich die Wildesten der Wilden aufhielten, unter der umsichtigen Leitung des Leutnants Davis ganz erfreuliche Fortschritte machte.

Eine verhängnisvolle Nacht

Weder General Crook, noch Leutnant Davis haben wohl jemals nur im entferntesten daran gedacht, daß ausgerechnet die „Muster-Reservation" am Turkey River zur Stätte eines wilden Aufstandes werden sollte. Aber das Schicksal wählte oft absonderliche Wege.

Zu Zeiten, als die Apachen unbehindert von den Bleichgesichtern im Lande herum streiften, pflegten sie bei festlichen Anlässen aus gegorenem Mais ein Bier, das sogenannte „Tiswin", zu brauen. Der Trank besaß eine stark berauschende Wirkung. Aber es sprach für die Indianer, daß sie beim Trinken stets Maß zu halten wußten. Fälle von Trunkenheit waren äußerst selten und wurden von den Häuptlingen streng geahndet.

Das änderte sich mit dem Eindringen der Weißen. Anfänglich sahen die Roten, vornehmlich die Reservationsindianer, mit Verwunderung, wie sich die Bleichgesichter ohne Scham und ohne Hemmungen mit Alkohol berauschten. Und da ihnen der Grauwolf bestätigt hatte, daß der rote Mann dem Bleichgesicht ebenbürtig und gleich gestellt sei, fanden sie alsgemach ebenfalls Gefallen daran, ihre Sorgen und ihr Elend im Alkoholrausch zu vergessen. Die Trunksucht nahm rasch zu und erreichte bald beängstigende Ausmaße. Da erließ General Crook ein Verbot, das den Indianern das Trinken und die Zubereitung von Bier und Schnaps untersagte. Die Weißen wurden bei Strafandrohung angehalten, den Apachen keinen Alkohol zu verkaufen.

Das Verbot war gut gemeint, hatte aber eine katastrophale Auswirkung. Die Indianer sahen weiterhin betrunkene Weiße durch die Reservation torkeln, durften aber selber dieses „Vergnügens" nicht mehr teilhaftig werden. Eine gefährliche, unheildrohende Stimmung kam auf.

Leutnant Davis hatte sich bis am 17. Mai 1885 nicht mit solchen Fragen befassen müssen. Geronimo und Nachez, beides Gegner des Alkohols, hielten ihre Leute eisern im Zaum. Als der verhängnisvolle „Schnapsbefehl" erlassen wurde, sah sich der Leutnant gezwungen, ihn seinen Apachen ebenfalls zur Kenntnis zu bringen. Und ausgerechnet am Abend dieses gleichen Tages wurden von gewissenlosen Weißen und den in ihrem Dienste stehenden Rothäuten einige Fässer Schnaps und Tiswin in die Turkey River-Reservation eingeschmuggelt. Den Halunken war dieser Ort der Ruhe schon längst ein Dorn im Auge gewesen. Jetzt wollten sie die Gelegenheit nützen, um einmal „etwas Lärm" zu machen und es mit dem verhaßten General auf eine Machtprobe ankommen zu lassen.

Kurz vorher hatte Geronimo erbost und aufgebracht das Zelt des Leutnants verlassen.

„Warum verbietet uns der Grauwolf etwas, das wir nie getan haben?" hatte er gemurrt.

„Der General hat mit diesem Befehl nicht dich und deine Leute gemeint, Häuptling. Aber man mußte ihn in allen Reservationen verlesen!"

Doch Geronimo hatte sich mit diesem Bescheid nicht zufrieden gegeben. Hin und her wogte der Streit, bis der beleidigte Apache grußlos weggegangen war. Zu den Seinen zurückgekehrt, kam er gerade recht, um zu sehen wie die Schnapsfässer abgeladen wurden.

Er wandte sich erstaunt an Nachez.

„Wer schickt das Feuerwasser?"

Nachez deutete auf einen halbblütigen Reservationsangestellten.

„Frage den dort."

Der Häuptling faßte den Burschen ins Auge.

„Eben hat Goyathlay mit Leutnant Davis gestritten wegen eines Befehls des Generals, der den Apachen das Trinken von Feuerwasser verbieten wollte. Und jetzt bringst du trotzdem von diesem Stoff für meine Leute. Was soll das?" herrschte er den Halbblütigen an.

Dieser blinzelte listig mit seinen schielenden Augen und grinste hämisch.

„Deine weißen Freunde senden dir dieses Geschenk. Laß es dir wohl bekommen!"

„Ich habe keine weißen Freunde!" brauste Geronimo auf.

Der Halbblütige kicherte und bestieg sein Maultier.

„Nun denn", rief er dem Häuptling zu, „dann gieße die süße Labe in den Turkey River. Aber so dumm wird der berühmte Geronimo doch nicht sein, oder?"

Der Zorn über den nach seiner Meinung ungerechtfertigten Erlaß des Generals mag mit dazu beigetragen haben, daß Geronimo der Verlockung zum Branntweingenuß nicht zu widerstehen vermochte. Die Fässer wurden aufgebrochen, und jetzt nahm das Unheil seinen Lauf.

*

Leutnant Davis hatte noch bis tief in die Nacht in seinem Zelte gearbeitet. Hin und wieder stützte er seinen Kopf in die rechte Hand, schaute sinnend in den flackernden Kerzenschein und lauschte den vielen Geräuschen, die vom nahen Indianerlager herüberwehten. Diesmal schien es ihm, als ob es da drüben besonders hoch hergehen würde. Das Zerwürfnis mit Geronimo machte ihm Sorge.

Er war damit beschäftigt, deswegen einen Bericht an den General zu schreiben. Von Crook durfte er auf väterlichen Rat hoffen, und er hatte ihn selten so notwendig gewünscht, wie gerade jetzt. Am besten wäre es wohl, ich würde den Oberkommandierenden zu einem Besuche einladen, damit wir uns wieder einmal aussprechen könnten, sinnierte er. Auch Geronimo sollte beigezogen werden. Außer ihm, Davis, war Crook der einzige Weiße, vor dem der Indianer einigen Respekt besaß. Geronimo ist ein intelligenter Kopf, überlegte Davis weiter,. an ihm habe ich eine große Stütze. Und trotzdem ist er ein richtiger Indianer geblieben. Es ist schwer, ihn zu verstehen und sein Vertrauen zu erwerben. Ob ich wohl den Schnapsbefehl nicht hätte verlesen sollen? Geronimo schien mir aufgebracht wie noch nie. Wenn das nur keine bösen Folgen hat.

Er öffnete seinen Waffenrock, denn die Hitze war drückend. Gedankenabwesend zählte er die Schritte der patrouillierenden Wache vor dem Zelte. Dann beugte er sich wieder über das Papier.

Aber das Schreiben fiel ihm zusehends schwerer. Unablässig dröhnte das Trommeln vom Indianerlager herüber. Eigentlich sollte ich nachsehen, sagte er zu sich selber. Aber sogleich verwarf er diesen Gedanken wieder. Bis jetzt hatte er jede überflüssige Kontrolle vermieden und war nur ins Lager gegangen, wenn er von Geronimo ausdrücklich eingeladen wurde. Trotzdem, dieses Trommeln und dieses Geheul gefielen ihm nicht.

Plötzlich wurde er durch die eilig sich nähernden Schritte des Wachtsoldaten aus seinen unruhigen Gedanken aufgeschreckt. Er sah den Schatten des Mannes auf der Zeltleinwand und hörte ihn rufen.

„Indianer kommen, Herr Leutnant!"

Davis erhob sich und knöpfte den Rock zu. Himmel, wo habe ich nur die Pistole hingelegt?

„Herr Leutnant! Indianer kommen. Ich glaube, sie sind betrunken!" drängte die Stimme der Wache.

„Ja, ja, ich habe gehört .... was! Betrunken?!"

Aber da vernahm er schon selber das schleichende Geräusch sich nähernder Mokassins.

„Wache, zu mir ins Zelt!"

Kaum war der Soldat eingetreten, wurde der Zeltvorhang erneut aufgerissen. Davis erkannte im Dämmerlicht drei schwankende Gestalten, die unschlüssig stehen blieben. Der vorderste, vierschrötige Mann war Geronimo. Die beiden andern, groß gewachsene Burschen, Nachez und Mangus. Ein ekler Geruch von Schnaps und Tiswin erfüllte das Zelt.

Trauer und Empörung stiegen in Davis auf. Wahrhaftig, die Apachen waren betrunken! Zum erstenmal, seit er sie zusammen mit Crook in der Sierra Madre angetroffen, sah er sie nun berauscht. Er würgte seine grenzenlose Enttäuschung hinunter und befahl ihnen mit scharfer Stimme näher zu treten.

„Was führt die Häuptlinge der Apachen zu mir?"

Die Roten schwankten heran. Mangus konnte sich nur mit Anstrengung aufrechthalten, und Geronimo stützte sich am Tische. Mit blutunterlaufenen Augen starrte er den Leutnant an.

Davis winkte dem Wachtsoldaten.

„Holt den Dolmetscher!"

Er erlebte ungemütliche Minuten, bis der Gerufene schlaftrunken und nur notdürftig angezogen erschien. Trotz, Hohn, offene Auflehnung und nur mühsam unterdrückte Blutgier spiegelten sich auf den verzerrten Gesichtern der Besucher. Davis ahnte, daß diese Nacht zu einer Nacht des Unheils werden könnte.

Geronimo, unfähig zu sprechen, deutete auf Nachez. Herrisch trat der hochgewachsene Häuptling vor Davis. Aufreizender Spott klang aus seiner Rede.

„Du siehst, wir haben getrunken!"

Davis blieb stumm.

„Wir haben getrunken, obwohl es uns der General verboten hat! Bis jetzt haben wir nie Feuerwasser angerührt. Aber jetzt haben wir getrunken, und wir werden weiter trinken!"

Nachez lächelte grausam.

„Gib Antwort, Bleichgesicht! Wir haben etwas getan, was wir nicht tun durften, was aber allen Weißen erlaubt ist. Was sagst du dazu?"

Endlich konnte sich Davis zu einer Antwort aufraffen.

„Ich bedaure Eure Tat, Nachez. Es war nicht klug von Euch. Ich muß es dem General melden, und er wird sehr böse sein."

Ein glucksendes Lachen stieg aus Nachez' Kehle.

„Der Grauwolf wird böse sein? Wer fragt danach, ob der Indianer gut oder böse ist? Sind wir Kinder, daß du es melden willst?"

Wieder blieb Davis stumm.

Plötzlich schlug Nachez mit der Faust auf den Tisch und wischte die Schriftstücke, das Tintenfaß, die Feder und die Pistole des Offiziers zu Boden. Eine Blutwelle stieg in das Gesicht des Indianers, und mit überschlagender Stimme brüllte er: „Die einen von euch sagen so und die andern das Gegenteil. Du hast uns verboten zu trinken, und andere Bleichgesichter haben uns Schnaps gebracht. Ihr lebt im Unfrieden untereinander, und nur der Haß gegen die Apachen einigt euch. Wir verachten dich und die Deinen, Bleichgesicht, wir verachten dich!"

Nur mit Mühe verbarg Davis seine Erregung. Im ersten Aufwallen des Zornes wollte er dem betrunkenen Indianer die Faust ins Gesicht schlagen, um ihn für seine Frechheit zu bestrafen. Aber er bezwang sich. Messerscharf entgegnete er: „Verlaßt das Zelt sofort. Mit Betrunkenen will ich nichts zu tun haben, verstanden!"

Geronimo schlug eine gellende Lache an.

„Er jagt uns fort, meine Brüder", lallte er, „und morgen werden die Blauröcke kommen, um uns zu bestrafen. Sage Nantan Enchau[1], daß er uns in Ruhe lassen soll, sonst ... "

Drohend schüttelte er seine Faust.

Die Indianer torkelten hinaus.

---

[1] Nantan Enchau = apachisches Spottwort, heißt soviel wie «Dicker Bauch». Wurde von den Indianern auf General Crook angewendet.

Lange schaute Davis den Wachtsoldaten an, als ob er von ihm eine Erklärung für das Geschehene erwarten würde. Dann ließ er sich wieder auf den Stuhl fallen. Hoffnungslose Verzweiflung hatte sich seiner bemächtigt.

„Holt die Büroordonnanz, Walker. Man muß ein Telegramm an General Crook senden."

Der Soldat und der Dolmetscher verließen das Zelt. —

*

In dieser Nacht flüchteten Geronimo, Nachez und Mangus an der Spitze von hundertfünfzig Kriegern, Frauen und Kindern aus der Reservation und ritten nach Süden, — nach Mexiko, der Freiheit entgegen!

Bis zum Morgengrauen wartete Leutnant Davis auf den Bescheid des Generals. Doch das Hauptquartier blieb stumm. Der Offizier wußte sich dieses Stillschweigen nicht zu deuten. Er befahl, die Telegraphenleitung zu kontrollieren, und jetzt entdeckte man in einer Baumgabelung die durchschnittenen Drähte. Unverzüglich schlug er Alarm. Als die wenigen Soldaten das Indianerlager betraten, waren die Apachen bereits in weiter Entfernung.

Wohl verfolgte Leutnant Davis die Flüchtigen, aber er konnte sie nicht mehr einholen. Geronimo und die Seinen waren gute zweihundert Kilometer geritten ohne anzuhalten und im Hochgebirge Mexikos verschwunden.

*

Jetzt nahm ein Feldzug seinen Beginn, der über ein Jahr dauern sollte, und der in der Geschichte Nordamerikas wohl nur mit dem legendären Zug des Cheyennehäuptlings Stumpfes Messer oder mit jenem des Häuptlings Joseph verglichen werden kann. Während dreihundertfünfundsechzig Tagen hielt sich eine Handvoll Krieger von wenig mehr als vierzig Köpfen gegen dreitausend modern bewaffnete amerikanische Soldaten, fünfhundert ausgesuchte Apachenkundschafter, gegen zahlreiche mexikanische Regimenter und gegen die gesamte weiße Bevölkerung des nordamerikanischen Südwestens und des nördlichen Mexiko. Nach sieben Monaten ununterbrochener Hetzjagd betrug die Zahl der kämpfenden Apachen noch sechsunddreißig Krieger, während sich jene ihrer Feinde inzwischen verdreifacht hatte. Trotzdem leisteten die Aufrührer weitere fünf Monate verbissenen Widerstand. Die Apachen mußten überdies noch ihre Frauen und Kinder ernähren und mit sich schleppen. Transportmittel besaßen sie keine andern, als jene, die sie auf ihren tollkühnen Ueberfällen zwischen den White Mountains und der Sierra Madre erbeuteten. Während dieses Feldzuges verloren die Indianer sechs Krieger und fünf Frauen. Sie selber töteten über sechshundert Weiße und hielten ein riesiges Land in Schrecken.

Helge Ingstad, ein norwegischer Völkerkundler, der die Geschichte der Apachenkriege gründlich erforscht hat, schreibt über die damalige Kampfführung Geronimos: „Man hätte annehmen können, daß sich Geronimos Truppe, die eine Menge Frauen und Kinder zu versorgen hatte, einen sicheren Unterschlupf im mexikanischen Hochgebirge gesucht habe und den Südwesten mied, in dem es wie in einem Ameisenhaufen wimmelte, wo jeder Paß, jedes Straßenkreuz, jede Quelle scharf bewacht wurde. Aber das war nicht Geronimos Art. Es galt ihm als ‚Sport', den Löwen in seiner eigenen Höhle aufzusuchen und ihn zu verhöhnen.

Während einer Nacht kreuzten elf Krieger die mexikanische Grenze und begaben sich dann weiter nach Arizona. Die Truppen kamen ihnen bald auf die Spur, nahmen die Verfolgung auf und setzten den Indianern so hart zu, daß es den Anschein hatte, als wäre ihre Gefangennahme eine sichere Sache. Plötzlich waren aber die Apachen wie vom Erdboden verschwunden, und die Verfolger stießen ins Leere. Die Krieger hatten ihre alte Taktik angewendet und sich wie Spreu im Winde zerstreut. An einer vorher vereinbarten Stelle trafen sie wieder zusammen und tauchten, nachdem sie auf ihrem Pfad einige Farmer getötet und die Häuser angezündet hatten, in der Nähe des Forts Apache auf. Dort bestraften sie zwölf in den Diensten der Weißen stehende Indianer. Dann rasten sie weiter. Schlag auf Schlag raubten und töteten sie in Arizona und New Mexico. Die Truppen entfalteten eine verzweifelte und fieberhafte Tätigkeit, um ihrer habhaft zu werden. Eine wilde Panik ergriff den Südwesten. Nach und nach hatten die Apachen ihren Kurs wieder nach Mexiko genommen, ständig verfolgt von den aufs modernste ausgerüsteten Truppen. Doch die elf Krieger schüttelten alle Verfolger ab, umgingen mit spielerischer Leichtigkeit die listigsten Hinterhalte, überschritten die scharf bewachte Grenze und tauchten im Gebirge unter. — Dieser Raubzug hatte ungefähr vier Wochen gedauert und zog über eine Strecke von mehr als zweitausend Kilometern dahin. Während dieser Zeit fielen ihnen achtunddreißig Menschen zum Opfer und zweihundertfünfzig unterwegs gestohlene Pferde wurden zuschanden geritten."

Im November 1885 schickte General Crook neue Truppen, vornehmlich Kavallerie, verstärkt durch ein großes Kontingent Apachenkundschafter, in die Sierra Madre. Die Reiter kamen in dem zerrissenen Gelände nur mühsam vorwärts und hemmten überdies die Bewegungen der Scouts. Da löste sich eine Gruppe Apachenkundschafter von der Stärke eines Bataillons aus diesem Verband und zog unter dem Kommando des Captains Emmet Crawford auf eigene Faust gegen die Indianer.

Captain Emmet Crawford

Dieser amerikanische Offizier war ein kühner, unerschrockener Soldat und ein ausgezeichneter Führer. Mit seinen Apachenscouts verstand er sich dermaßen gut, daß die Indianer für ihn zu jeder Tat bereit waren. Deshalb leisteten sie ihm auch willig Folge, als er sich entschloß, den „Teufel aus der Hölle zu holen". Er zog zuerst südwärts durch Sonora bis zur kleinen Stadt Nacori Chico. Dort trafen die Verwegenen ihre letzten Vorbereitungen und ließen alles zurück, was irgendwie entbehrlich war. Dafür versorgten sie sich reichlich mit Munition.

Ihrer wartete das wildeste und unzugänglichste Gelände der Sierra Madre. Oben auf den Gipfeln und Graten lag bereits dünner Schnee, und unten in den tiefen schluchtenartigen Tälern herrschte Tropenhitze. Irgendwo in diesem mächtigen, unbekannten Gebirge mußte der Feind verborgen sein. Ein Feind, dessen unbarmherzige Grausamkeit sprichwörtlich geworden war. Es brauchte starke Herzen und tollkühnen Mut, an ein solches Unternehmen heranzutreten.

Captain Crawford säumte sich nicht lange. Er näherte sich den Bergen von Osten her und dank seiner Indianer, fand er nach überraschend kurzer Zeit Spuren, die nur von Geronimo stammen konnten. Während drei Nachtmärschen — am Tage hielt sich Crawford versteckt — folgte er dem Pfade, der über eine der unwegsamsten Partien der Sierra Madre, über die Espinosa del Diablo — „Rückgrat des Teufels" — führte. Trotz schwärzester Finsternis verloren die luchsäugigen Kundschafter den Weg nie. Ihnen entging nicht die geringste Kleinigkeit, nicht das spärlichste Zeichen. Oft mußten sie steil bergauf klettern, zerrissen sich die Kleider, schürften die Haut und froren jämmerlich in Schnee und Eis. Anderntags stiegen sie wieder ab in die feuchte Fieberhitze der Täler, wateten durch reißende Flüsse und durchquerten tückische Moore. Aber nichts konnte ihren Willen aufhalten, das gesteckte Ziel zu erreichen. Captain Crawford war den Indianern ein begeisterndes Vorbild hohen Mutes, erstaunlichen Könnens und beispielloser Genügsamkeit. Nie verlor er seinen Humor, und auch die schlimmste Lage vermochte seine heitere Ruhe nicht zu erschüttern. Sein Aussehen unterschied sich kaum mehr von jenem der ihm unterstellten Indianer. Diese vergötterten ihren Anführer ebenso, wie er seinen roten Soldaten uneingeschränkte Achtung entgegen brachte. Endlich, am 9. Januar 1886, als die Indianer und ihre weißen Offiziere fast am Ende ihrer Kräfte waren, fand Noche, ein Anführer der indianischen Späher, das feindliche Lager. Mit dem ihnen eigenen unglaublichen Spürsinn, arbeiteten sich die Kundschafter immer näher an den Feind heran und beim Morgengrauen erkannten sie von bloßem Auge die schroffe Klippe, wo Geronimo und seine Leute ahnungslos den neuen Tag erwarteten.

Umsichtig bereitete Crawford den entscheidenden Angriff vor. Eine ungeheure Spannung erfüllte ihn und seine Untergebenen.

In diesem Augenblick griff ein unerforschliches Schicksal wieder ein und machte die Pläne der Angreifer zunichte.

Seinerzeit rettete das Geschrei der Gänse im Kapitol die schlafenden Römer vor dem Angriff der Barbaren. Hier, in der Sierra Madre, war es ein Esel, dessen Schreie die Aufrührer weckte. Geronimo wußte sofort, in welcher Gefahr sie schwebten, und im nächsten Augenblick befanden sich die Apachen auf wilder, aber zielbewußter Flucht.

*

In der ersten aufwallenden Wut über diesen Mißerfolg, schmetterte der zornbebende Crawford seine Pistole an die nächste Felswand. Als ihn die rothäutigen Kundschafter deswegen erstaunt anblickten, schämte er sich seines unbeherrschten Tuns. Er bezwang den kochenden Jähzorn und ließ seine Truppe auf dem Lagerplatz der Aufrührer sammeln. Dort dankte er ihnen für die bewiesene Hingabe und hieß sie dann bis am nächsten Morgen ausruhen.

„Dann setzen wir uns wieder auf die Ferse Geronimos, meine roten Brüder. Wir werden ihn verfolgen, so wie ein Wolf den flüchtigen Hirschen verfolgt. Ohne Gnade, ohne Rast. Und meinen tapferen Apachen wird es gelingen, den Häuptling einzufangen."

Dichter Nebel legte sich in der Nacht über das Gebirge. Selbst die scharfäugigen Kundschafter hatten alle Mühe, die graue Dämmerung des aufsteigenden neuen Tages zu durchdringen.

Plötzlich sah Noche eine Reihe dunkler Schatten gegen das Lager huschen. Seine Ohren hörten das Klirren von Waffen. Ehe er schreien konnte, zerriß eine Salve die Stille. Vier Apachenkundschafter brachen verwundet zusammen. Aber im Nu waren die andern an den Gewehren, und jetzt entwickelte sich ein ebenso heftiges, wie ziemlich planlos geführtes Feuergefecht.

Captain Crawford vermutete bald, daß dieser Angriff des unbekannten Gegners auf einem Irrtum beruhte. Er befahl seinen Kundschaftern, das Feuer einzustellen und schickte dann den Leutnant Maus nach vorne, damit er mit dem Angreifer unterhandle.

Tatsächlich erwies es sich, daß eine, durch Tarahumareindianer verstärkte Abteilung mexikanischer Infanterie das Lager angegriffen hatte, in der Meinung, Geronimo und seine Bande vor sich zu haben. Captain Crawford unternahm alles, um die hüben und drüben aufgeregten

Gemüter zu beruhigen. Aber während er noch mit dem Kommandanten der Mexikaner unterhandelte, fiel aus den Reihen der Tarahumare ein Schuß. Crawford taumelte, griff sich ans Herz und stürzte tot zu Boden.

Nun kannten die Apachen keine Rücksicht mehr. Mit unbändiger Wut stürzten sie sich auf ihre ehemaligen weißen und roten Erbfeinde. Diese hielten nicht lange stand und flohen Hals über Kopf.

Nach dem tragischen Tode Crawfords hatte Leutnant Maus das Kommando übernommen. Er war gewillt, die Absicht seines Vorgängers weiter zu verfolgen. Nachdem der Captain mit einer schlichten Feier begraben und man die toten „feindlichen Brüder" ebenfalls der Erde übergeben hatte, setzte sich die Truppe in Marsch. Sie war noch keine Stunde unterwegs, da näherte sich ein Bote Geronimos und überbrachte die Botschaft, der Häuptling wünsche mit dem „americano" zu sprechen.

Leutnant Maus folgte mit vierzehn seiner Kundschafter dem Indianer und traf tatsächlich den vielgesuchten Anführer der Aufständischen. Auch Geronimo war von einer gleichen Zahl von Kriegern umgeben.

Er trat dem Offizier entgegen und schüttelte seine Hand. Die Kundschafter hingegen würdigte er keines Blickes. Dann eröffnete er dem Weißen, daß er mit General Crook über die Möglichkeiten eines Friedens unterhandeln möchte.

Leutnant Maus ermutigte in kluger Weise den Apachen, bei diesem Vorhaben zu bleiben und es wurde vereinbart, daß Crook und Geronimo sich in zwei Monaten im Canyon de los Emboudos, bei San Bernardino Springs, an der mexikanischen Grenze, treffen würden.

Canyon de los Emboudos

Wie vereinbart, trafen sich die beiden Gegner, Geronimo und der General Crook, im Canyon de los Emboudos, um über den Frieden zu sprechen.

Die Verhandlungen fanden am 25. März 1886 statt und es war wohl eines der merkwürdigsten Ereignisse in diesem, an Absonderlichkeiten so reichen Krieg zwischen den Apachen und den weißen Soldaten. Breitausladende, weißstämmige Sykomoren[1] boten genügend Schatten. Ein kleiner Fluß schlängelte sich zwischen üppigem Buschwerk hindurch und verlieh der kleinen Talmulde etwas Liebliches. Auf diesem prächtigen, abseitsgelegenen Flecken Landes hatten sich der Häuptling und der General niedergelassen. In Begleitung Geronimos befanden sich Nachez, Mangus und einige Krieger. General Crook war umgeben von den Offizieren seines Stabes, einem Dolmetscher und wenigen Apachenkundschaftern. Er trug die weiße Sommeruniform und einen Tropenhelm auf dem Kopf.

Man schüttelte sich gegenseitig die Hände, lachte sich freundlich an und gab sich wie eine fröhliche Gesellschaft, die ihre Sonntagswanderung mit einem Picknick unterbrechen wollte. Aber aus den Augen der

[1] Sykomoren = Platanen.

Indianer funkelte tiefes Mißtrauen, und auch die Weißen konnten ihren Verdacht gegen eine indianische Hinterlist nur mit Mühe verbergen. Eine Ausnahme machten einzig die beiden Anführer. Sie waren frei von Furcht und beide vom Willen beseelt, zu einer Einigung zu kommen.

Ohne große Umschweife eröffnete Geronimo die Verhandlungen. Mit der ihm eigenen Redegewandtheit schilderte er, wie es zum Ausbruch aus der Turkey River-Reservation kam. Hier unterbrach Crook den Häuptling.

„Du willst doch nicht behaupten, Geronimo, daß man mit mir oder mit Leutnant Davis nicht reden konnte. Wir haben das möglichste getan, um eure Lage zu verbessern."

„Du sprichst wahr, Grauwolf", entgegnete der Apache, „aber weißt du auch, daß eure Anordnungen von den andern Weißen immer wieder durchkreuzt wurden? Mehr als die Hälfte der Rationen hat man uns gestohlen. Unsere Kinder wurden verprügelt und die Krieger wurden behandelt, als ob sie lallende Papuse seien."

General Crook furchte seine Stirne.

„Weder ich, noch Leutnant Davis, haben je davon gehört. Wohl gab es in andern Reservationen Mißstände. Aber bei euch glaubten wir alles in Ordnung. Warum habt ihr uns nie berichtet?"

Geronimo hob stolz seinen Kopf.

„Krieger pflegen nicht zu plappern!"

„Aber das mit dem Trinken war eine böse Sache", fuhr Crook fort. „Du hast mich sehr enttäuscht, Geronimo, und der Große Vater in Washington wünscht, daß du deswegen bestraft wirst."

In jähem Zorn fuhr der Häuptling auf.

„Du hast uns etwas verboten, das wir nie vorher getan haben, Grauwolf. Du hast uns für etwas Strafe angedroht, das wir nie begangen haben. Ist das Recht oder Unrecht? Ich frage dich!"

„Mit diesem Befehl habe ich nicht euch allein gemeint, Häuptling. Er betraf die Weißen ebenso, wie die Indianer. Aber er mußte überall bekanntgegeben werden."

Doch der Apache gab sich nicht zufrieden.

„Du sagst, Weiße und Rote seien gleichberechtigt. Es sei kein Unterschied zwischen ihnen. Aber deine Zunge hat etwas gesprochen, was nicht wahr ist. Die Weißen durften trinken, wir nicht. Die Weißen haben uns die Nahrung gestohlen, haben uns geschmäht und die Kinder unserer Frauen verprügelt. Wurde einer von ihnen deswegen bestraft?"

*

Während zwei Tagen zogen sich die Verhandlungen dahin. Zäh focht Geronimo für einen ehrenvollen Friedensvertrag. Endlich war es soweit, daß die Beratung aufgehoben werden konnte. General Crook hatte versprochen, daß das Leben der Häuptlinge geschont werden sollte. Aber an der zweijährigen Gefängnisstrafe hielt er fest.

„Es ist dir Unrecht geschehen, Geronimo, ich gebe es zu", sagte er, „aber du hast es noch mit größerem Unrecht vergolten. Hunderte von Weißen wurden durch dich getötet, und dieser Krieg hat den Großen Vater bis jetzt Millionen von Dollars gekostet. Dafür hast du Strafe verdient."

Der Häuptling machte keine Einwände mehr. Er erhob sich und sprach feierlich: „Die Sonne, das Dunkel, die Winde und das Wasser, alle lauschen unserer Rede. Denke daran, wenn du an meinen Worten zweifeln solltest, Grauwolf, daß ich dir Botschaft schickte von einem Ort aus weiter Ferne. Ich bat dich, mit mir zusammenzutreffen, und jetzt siehst du mich. Einige von uns sind zu Pferd gekommen, andere zu Fuß. Hätten wir schlechte Gedanken gehabt oder Unrecht getan, du würdest uns niemals gesehen haben. Mein Wunsch ist Friede und ein gutes Verständnis zwischen uns."

Er ergriff General Crooks Hand und hielt sie fest.

„Ich komme mit dir. Einst jagte ich wie ein Sturmwind durch die Lande. Jetzt ergebe ich mich dir. Das ist das Ganze."

*

Erleichtert gab Crook Weisung, daß man diese Abmachung nach Washington telegraphieren und die Bestätigung abwarten solle. Bis die Antwort eintraf, wollte er mit den Apachen an Ort und Stelle lagern. Geronimo seinerseits schickte Krieger aus, um die versprengten Angehörigen seiner Bande nach dem Canyon de los Emboudos zu holen. Alles schien in bester Ordnung. Aber da geschahen wieder zwei Ereignisse, die den ganzen, mühsam aufgestellten Vertrag zu einem bloßen Fetzen Papier werden ließen.

Erstens traf von General P. H. Sheridan Bericht ein, daß er sich weigere, die von Crook mit Geronimo getroffene Vereinbarung anzunehmen. An deren Stelle verlangte er die bedingungslose Unterwerfung der Apachen, die für die Häuptlinge sogar die Todesstrafe in sich schloß.

Zweitens hatte sich, als Geronimo bei Crook weilte und die niederschmetternde Botschaft vernahm, ein weißer Schurke namens Tribollit ins Lager der Apachen geschlichen und ihnen Schnaps verkauft. Ein wüster Aufruhr entstand. Schüsse wurden abgefeuert, und Nachez' Frau wurde sogar von einer verirrten Kugel tödlich getroffen.

Geronimo eilte sofort zurück, um nach dem Rechten zu sehen. Er erzählte den betrunkenen Kriegern von der neuen Botschaft und seine Worte waren nicht dazu angetan, das durch den Alkohol geschürte Feuer der Auflehnung zu ersticken. Im Gegenteil, eine wilde Raserei bemächtigte sich der Apachen, und sie bestiegen ihre Pferde.

„Krieg! Krieg!" schrie der betrunkene Nachez.

Jetzt wurde auch der bis anhin noch besonnene Geronimo durch den „Vertragsbruch" der Weißen von lodernder Empörung erfaßt.

„Wir kämpfen weiter, meine Brüder!" rief er seinen Kriegern zu, „mir nach, wer die Freiheit höher schätzt, als die Knechtschaft der Bleichgesichter!"

Ein ungeheurer Tumult brach aus. Bevor die in Eile alarmierten Soldaten eingreifen konnten, waren Geronimo und Nachez mit zwanzig Kriegern, dreizehn Frauen und sechs Kindern im nächtlichen Dunkel verschwunden.

*

Diese Ereignisse trafen den Grauwolf schwer. Er nahm seinen Abschied und wurde durch General Nelson A. Miles ersetzt.

Der Anfang vom Ende

Mit atemloser Spannung hing der Journalist an den Lippen des alten Häuptlings. Er sah, wie ihn öfters die Erinnerung an seine tragischen Erlebnisse überwältigte. Dann wurde Geronimos Sprache stockend. Seine Augen schloßen sich und mehr als bis anhin, mußten sie Ruhepausen einschalten. In letzter Zeit pflegten sich auch die Geschwister und die Kinder des Häuptlings einzufinden und den Erzählungen zu lauschen.

„Man hat mir berichtet", sagte der Apache, „daß General Miles mehr als fünftausend Soldaten und über fünfhundert Krieger meines eigenen Blutes gegen mich und Nachez geführt hat. Wir kannten keine Ruhe und keine Rast mehr. Vom Morgen bis zum Abend mußten wir oft stündlich unseren Aufenthaltsort wechseln, um den wie Ameisen wimmelnden Feinden nicht in die Hände zu fallen."

Er steckte sich wieder eine Zigarette an.

„Kurz nach unserer Flucht erhielten wir auch Nachricht, daß die im Canyon de los Emboudos zurückgebliebenen Apachen, fünfzehn Krieger und sechzig Frauen, nach Florida geschafft wurden. Die Männer hatte man gefesselt, und die Frauen wurden mit ihren Kindern in Güterwagen gesteckt. Diese Nachricht hat unseren Kampfwillen neu aufgestachelt. Wir wußten nun, was unser wartete, falls wir den Blauröcken in die Hände fielen. Außerdem ließ General Miles verkünden, daß er unser tot oder lebendig habhaft werden wolle. Alle Weißen wurden aufgefordert, auf uns Jagd zu machen."

*

Der Nachfolger Crooks trat mit Energie seinen neuen Posten an. Er hatte sich vorher bei der Niederschlagung des Siouxaufstandes im Norden bewährt und er brannte darauf, den Krieg gegen Geronimo so rasch als möglich zu beenden.

Jeder strategisch wichtige Punkt im Südwesten wurde durch starke Kräfte bewacht. Kundschafterpatrouillen durchstreiften unablässig das Land, Tag und Nacht. Auf den höchsten Erhebungen wurden Heliographenstationen[1] eingerichtet, die laufend und genau über die Bewegungen des Feindes berichteten.

Aber im Gegensatz zu Crook, verlegte Miles das Hauptgewicht der Operationen nicht mehr auf die Apachenkundschafter. Nach seiner Auffassung waren die weißen Soldaten mindestens ebenso gut in der Lage, diesen Kampf zu führen. Seine Kavallerieregimenter wurden in kleine Kolonnen aufgeteilt, die mit blitzschnellen

---

[1] Blinklichter.

Vorstößen den Feind ermüden und unsicher machen sollten. Diese harten Reiter gehörten wohl zu den besten Soldaten der Vereinigten Staaten, aber Geronimo und seinen Kriegern waren sie doch nicht gewachsen. Ueberhaupt zeigten die Wilden, trotz der Uebermacht des Feindes, nicht die geringste Furcht.

Am 27. April 1886 kreuzten sie die amerikanische Grenze, wanden sich zwischen den zahlreichen Posten hindurch und nahmen Kurs auf Santa Cruz Valley. Dort überfielen sie eine Farm, töteten alle Weißen und schleppten ein dreizehnjähriges Mädchen fort. Das Kind wurde später, als der Feldzug zu Ende war, den Weißen übergeben. Man hatte es gut behandelt, und es war keinerlei Mißhandlungen ausgesetzt worden. Bei anderer Gelegenheit überfielen sie zwei Farmerknechte, die mit leeren Milchkannen vom nahen Dorf zurückkehrten. Die beiden Burschen hatten einmal davon gehört, daß die Indianer keine Geisteskranken zu töten pflegten, weil sie in ihnen höhere Wesen vermuteten. Als nun die Krieger heranbrausten, entsannen sie sich — zu ihrem Glücke — dieses Berichtes. Flugs ergriff ein jeder von ihnen zwei der glitzernden Kannen, und dann vollführten sie vor den erstaunten Blicken der Apachen einen wilden Tanz. Wohl zitterten und bebten sie am ganzen Leibe vor Todesangst, aber sie spielten ihre Rolle als Geisteskranke so gut, daß sich die Indianer nach geraumer Zeit scheu zurückzogen und im nahen Walde verschwanden.

Einmal hatte Captain Lawton, einer von Miles' Offizieren, die Spur Geronimos gefunden. Er verfolgte sie über hundert Kilometer weit nach Süden und überraschte die Indianer jenseits der Grenze. Doch die Apachen waren schneller als ihre ausgepumpten, erschöpften Verfolger. Im Augenblick verschwanden sie, als hätten sie sich in Luft aufgelöst. Nur einem jüngeren Krieger wurde das Pferd unter dem Leibe erschossen. Sofort legte er sich hinter den Kadaver und nahm den Kampf gegen die etwa achtzig Soldaten auf. Sieben von diesen wurden durch Kopfschüsse getötet, drei schwer verwundet und ehe Captain Lawton weitere Maßnahmen treffen konnte, war auch dieser Krieger entflohen.

Es war ein Krieg, in dem hüben und drüben kein Pardon gegeben und auch keiner erwartet wurde. Die Apachen wußten, daß es um ihr Letztes ging und ließen ihrer Grausamkeit freien Lauf. Den Soldaten war es ein Rätsel, wie diese Handvoll Krieger überhaupt noch widerstehen konnte. Tatsächlich sprang Geronimo mit seinen Verfolgern um, wie es ihm gerade paßte. Er schien keine Müdigkeit zu kennen, und seine Taktik war von höchster Gerissenheit. Oft genug jagte er die wie Bluthunde an seiner Spur klebenden Soldaten im Kreise herum, oder ließ sie ins Leere stoßen. Pferde, Munition und Proviant holte er sich beim Feinde. Unerhörte Strapazen mußte die Truppe erdulden. Im Laufe des Monats Juni geriet ein in der nördlichen Sonora operierendes Detachement mit den Apachen in Fühlung. Es kam zu einem der üblichen kurzen, aber ergebnislosen Gefechte. Diesmal hingegen ließen die Soldaten nicht locker und jagten Geronimo bis in die Withe Mountains in Arizona. Dort kehrte sich der alte Wolf um, schlich an den Truppen vorbei und ritt wieder südwärts, mehr als tausend Kilometer weit. Erst im Dickicht des Rio Aros, mitten in der Sierra Madre, gönnte er sich eine Atempause.

Die Geschichte weiß zu berichten, daß eine Schwadron Kavallerie mitten in der Wüste Geronimos Bande aufstöberte. Während mehr als sechsundzwanzig Stunden folgten die Reiter den Spuren der flüchtigen Indianer, wie ein Jagdhund dem Wilde. Glühend brannte die Sonne nieder und im Felsengewirr vervielfachte sich die Hitze dermaßen, daß die Soldaten vor Durst und Erschöpfung beinahe wahnsinnig wurden. Einige von ihnen öffneten sich in ihrer Verzweiflung sogar die Schlagadern, um mit dem eigenen Blute den furchtbaren Durst zu stillen. Sie verbrannten sich die Finger an den Gewehrläufen. Sie fielen den Hitzschlägen zum Opfer und sanken vor Ermattung in tiefe Ohnmacht. — Aber ein Erfolg blieb ihnen versagt! Geronimo entkam!

Monat um Monat dauerte diese Hetzjagd. Anfangs Juli 1886 erfuhr General Miles von einem im Dienste der Armee stehenden Apachen namens Kayitha, daß Geronimo zu neuen Unterhandlungen bereit wäre. Der Oberbefehlshaber ließ den erfahrenen und durch sein menschliches Wesen bei den Reservationsindianern beliebten Leutnant Charles B. Gatewood kommen und beauftragte ihn, mit den Kundschaftern Kayitha und Martine nach der Sierra Madre zu reiten und zu versuchen, mit Geronimo Verhandlungen anzuknüpfen.

Leutnant Gatewood

Eine schwere und gefährliche Aufgabe harrte dieses unerschrockenen Offiziers, — ein Auftrag, der leicht mit seinem Tode enden konnte. Aber Gatewood kannte nur seine Soldatenpflicht. Er verscheuchte die schweren Besorgnisse und machte sich mit seinen zwei rothäutigen Begleitern ungesäumt auf den Weg. Nahe der kleinen mexikanischen Stadt Fronteras fanden sie die Spuren von Apachenfrauen. Der Offizier folgte ihnen während einigen Tagen und stieß endlich, mitten im Gebirge, dort wo der Rio Bavispe einen großen Bogen nach Süden macht, auf untrügliche Anzeichen, daß sie hart am Hauptlager der Aufrührer sein mußten.

Jetzt war höchste Vorsicht geboten. Leutnant Gatewood fertigte aus einem weißen Lappen eine Art Parlamentärflagge an und schickte seine Kundschafter aus, um mit Geronimo Verbindung aufzunehmen. Diese Flagge war ihr einziger Schutz und Gatewood wußte genau, daß auch sein Leben verloren war, falls Kayitha und Martine nicht mehr zurückkehren sollten.

Doch die Vorsehung meinte es gut mit den dreien. Noch im Laufe des Tages meldete sich Martine wieder und überbrachte des Häuptlings Botschaft, daß er zu Verhandlungen mit dem weißen Offizier bereit sei. Kayitha war von Geronimo als Geisel zurückbehalten worden. Des Leutnants Herz frohlockte. Bis jetzt schien seine Mission unter einem guten Stern gestanden zu haben und er hoffte zuversichtlich, auch den zweiten, wichtigsten Teil erfolgreich zum Abschluß zu bringen.

Am 24. August 1886 begann Leutnant Gatewood seine Besprechungen mit den Apachen in einem lichten Laubwalde an den Ufern des Rio Bavispe. Geronimo traf etwas später als seine Gefährten auf dem Verhandlungsplatze ein. Sofort legte er sein Gewehr ab und begrüßte den Leutnant mit Handschlag. Dann setzte er sich, inmitten seiner Krieger, dem Unterhändler gegenüber.

Es muß eine ebenso merkwürdige, wie eindrucksvolle Szene gewesen sein, dieses Treffen in tiefster, unberührter Wildnis. Auf der einen Seite dieser noch junge Offizier, als Vertreter der mächtigen USA, flankiert von seinen treuen rothäutigen Begleitern. Ihnen gegenüber das Häuflein Apachen, — Freibeuter im wahrsten Sinne des Wortes! — die während langen Monaten eine der besten Armeen der Welt am Narrenseil herumgeführt hatten und deren Befehlshaber zum Gespött der Zeitungen und der Bevölkerung werden ließen.

Stumm betrachtete Gatewood diese prachtvollen, sehnigen Gestalten mit den klugen, harten Gesichtern, die bis zum Haar mit roter und gelber Farbe bestrichen waren. Ihre Körper hatten sie mit Laub und Gras umwickelt, eine Tarnung, die sie nicht von ihrer nächsten Umgebung unterscheiden ließ. Eine jede ihrer Bewegungen zeugte von ihren fein empfindenden Sinnen, von Mord- und Fluchtbereitschaft im Augenblicke der Gefahr.

Welch ein Mann war dieser Geronimo! Immer wieder fühlte er sich von dessen durchdringenden Blicken angezogen. Augen, die einen jeden in ihren Bann schlugen. Augen, die nicht mehr losließen und die keine Lüge gestatteten. Eine unerhörte Willenskraft, eine grausame Unerbittlichkeit strömten von diesem Manne aus. Gatewood war ein kriegserfahrener Soldat, aber er mochte sich nicht entsinnen, je einmal gegen einen gefährlicheren, schlaueren und tapfereren Gegner gekämpft zu haben! Neben Geronimo saß Nachez, der Sohn Cochises, schweigend und unnahbar, das schöne, ebenmäßige Gesicht nachdenklich auf die linke Faust gestützt.

Die tiefe Stimme des Häuptlings schreckte den Offizier aus seinen Gedanken.

„Der weiße Mann mag sprechen. Die Ohren der Apachen sind bereit, seine Botschaft anzuhören."

Leutnant Gatewood besann sich nicht lange. Oft genug hatte er sich ausgemalt, wie er den Apachen gegenüber auftreten mußte und er wußte wohl, daß Unsicherheit und Schwäche ihn und seinen Auftrag aufs höchste gefährden würden.

„Aus meinem Munde spricht General Miles, der Oberkommandierende aller Soldaten. Er läßt euch folgendes sagen: Bietet eure Unterwerfung an. Man wird euch mit euren Familien nach Florida schicken. Dort werdet ihr die endgültige Entscheidung des Großen Vaters in Washington abwarten müssen. Nehmt diese Bedingungen an, — oder es geht zum letzten Kampf!"

Tiefe Stille folgte den Worten Gatewoods. Geronimo bedeckte seine Augen und der Offizier beobachtete, wie des Häuptlings Hand zitterte.

Endlich antwortete er, daß sie nur bereit seien, die Waffen niederzulegen und sich zu unterwerfen, wenn sie mit ihren Familien wieder nach der Reservation in Arizona verbracht würden.

„Dort wollen wir leben, wie früher. Wir wollen auch versuchen, uns nach der Art des weißen Mannes umzustellen, wenn das verlangt wird. Aber wir wünschen, daß man uns nicht bestraft. Wir haben für unsere Freiheit gekämpft. Das ist alles."

Gatewood konnte und durfte sich auf diese Bedingungen nicht einlassen. Er besaß seine Befehle.

„Du hast meine Worte gehört, Häuptling", erwiderte er mit fester, unnachgiebiger Stimme, „ich kann dir nichts anderes mitteilen."

Zornig fuhr Geronimo auf.

„Entweder Rückkehr in die Reservation — oder Kampf!"

Die Lage hatte sich gefährlich zugespitzt. Aber Gatewood verlor seine Ruhe nicht. Nun spielte er den letzten

Trumpf aus. Wenn diese Karte nicht stach, dann mochte Gott ihm gnädig sein!

„Ich muß dir sagen, Häuptling, daß es in der Reservation keine Chiricahua mehr gibt! Man hat sie allesamt nach Florida geschickt."

Diese Erklärung wirkte wie ein Blitzstrahl aus heiterem Himmel. Der eben noch so hartnäckige Geronimo sank völlig in sich zusammen. Nachez zeigte sich tief erschüttert, und auch die andern saßen wie gelähmt. Ein jeder von ihnen hatte Familienmitglieder in der Reservation zurückgelassen und dieser Bescheid, daß man sie von dort weggeführt habe, traf die Apachen wie ein Keulenschlag.

Leutnant Gatewood nützte die Wendung dieser Lage geschickt aus. Er gab seinen Begleitern ein Zeichen und alle drei erhoben sich, als wollten sie den Verhandlungsplatz verlassen.

Da erwachte Geronimo aus seinem dumpfen Brüten.

„Warte, Offizier", preßte er hervor, „wir erbitten deinen Rat. Versetze dich in unsere Lage, wenn du das vermagst. Stelle dir vor, du seiest kein Weißer, sondern einer von uns. Rufe dir alles, was gesprochen wurde, in dein Gedächtnis zurück und sage uns, was wir tun sollen."

Gatewood setzte sich wieder.

„Vertraut auf General Miles", sagte er, „und ergebt euch ihm. Eine andere Antwort könnt ihr von mir nicht erwarten."

Geronimo erbat sich Bedenkzeit bis zum andern Morgen und lud den Offizier ein, die Nacht in ihrem Lager zu verbringen. Gatewood nahm den Vorschlag an, nicht ohne den Apachen noch einmal mit drastischen Worten zu schildern, was ihnen im Falle einer Ablehnung seiner Bedingungen bevorstehen würde.

Der Leutnant und seine Kundschafter aßen von ihren mitgebrachten Vorräten und trollten sich dann abseits, wo sie sich zum Schlafen bereit machten. Aber noch lange hörte Gatewood vom großen Lagerfeuer her das erregte Flüstern der weiter beratenden Indianer. Endlich fielen ihm die Augen zu und er schlummerte ein im Gefühl, daß seine Mission nicht vergebens gewesen sein würde.

*

Anderntags nahmen die drei Abgesandten wieder am Ratsfeuer Platz. Geronimo eröffnete ihnen, daß er bereit sei, die Bedingungen anzunehmen. Er wünsche einzig noch, daß Gatewood mit ihnen nach Arizona zurückkehre. Außerdem wollten sie ihre Waffen behalten, bis die Verhandlungen mit General Miles abgeschlossen waren.

Gatewood bewilligte ihnen diesen Begehren, und dann brachen sie unverzüglich auf. Ohne Zwischenfall überschritten sie die Grenze und nahmen die Richtung auf den Skeleton Canyon, wo sie von General Miles erwartet wurden.

Die Spur geht zu Ende

Am 4. September 1886 setzte der Adjutant General Miles' den Schlußstrich unter das Protokoll der Uebergabeverhandlungen zwischen dem Oberkommandierenden der US-Truppen im Südwesten und Goyathlay, genannt „Geronimo", Häuptling der Chiricahua-Apachen, aus der Sippe der Bedonkohe.

Die jahrelangen blutigen Kämpfe zwischen Bleichgesichtern und Indianern waren zu Ende gegangen.

Der Adjutant winkte dem wartenden Sergeanten.

„Erster Zug in Marschkolonne Sammlung!"

Dröhnend hallte der Befehl des stämmigen Unteroffiziers von den Felswänden wider. Die Soldaten stellten sich auf.

„Vorwärts — marsch!"

Die Truppe erschien auf dem Verhandlungsplatz, und der Sergeant meldete sich beim General.

Miles grüßte und sprach: „Tut jetzt, was euch befohlen wurde. Nehmt den Apachen die Waffen ab. Jeder Krieger wird ganz genau untersucht, verstanden. Aber ich wünsche keine Grobheiten. Die Frauen — ehem — werden wir im Camp noch kontrollieren. That's all."

Der General ließ sich sein Pferd vorführen. In diesem Augenblick wandte sich Geronimo noch einmal an Miles.

„Du hast uns versprochen, daß wir in Florida mit unseren Frauen und Familien zusammenleben können, General. Dieses Versprechen gilt, nicht wahr? Du sprichst mit gerader Zunge!"

Miles, schon mit seiner Abreise beschäftigt, nickte flüchtig.

„Ja, ja, das geht in Ordnung."

Dann entfernte er sich mit seinem Stabe.

*

Die Sieger leisteten ganze Arbeit und kümmerten sich nicht groß um die Versprechen, die sie — vor der Uebergabe — den Apachen leichten Herzens zugestanden hatten.

Noch während des Krieges wurden auf Befehl der Regierung, die im Withe Mountains Reservat lebenden Chiricahua, alles in allem an die vierhundertfünfzig Apachen, unter diesen auch die Mimbreno des Häuptlings Nachez, nach den Sumpf- und Fieberlagern in Florida überführt. Die Gründe für diese grausame Maßnahme konnten nur darin gesucht werden, daß man den Widerstandswillen der noch kämpfenden Apachen brechen wollte. Der erhoffte Erfolg war nicht ausgeblieben.

Diese Reservationsindianer hatten sich, nach weißen Begriffen, nicht der geringsten Verbrechen schuldig gemacht. Ruhig und friedlich waren sie ihrer Arbeit nachgegangen. Sie trieben Landwirtschaft, Viehzucht und ähnliche Berufe und waren im Begriffe gewesen, sich eine neue Existenz zu gründen. Der Ausbruch Geronimos und die nachfolgenden Kämpfe geschahen ohne ihre Unterstützung. Im Gegenteil, eine Reihe von Kriegern, unter anderen auch Kayitha und Martine, ließen sich sogar als Kundschafter anwerben. Ohne deren Hilfe würden sich die blutigen Kriege wohl noch jahrelang hingezogen haben. Trotzdem verbannte man alle, ohne Ausnahme alle! — in das Konzentrationslager Dry Tortugas in den Sümpfen Floridas.

*

Bei der Uebergabe zählte Geronimos Schar achtunddreißig Indianer, eingeschlossen Frauen und Kinder. Kurz, bevor sie unter schwerer Bedeckung abmarschierten, gelang es drei Kriegern und drei Frauen zu fliehen. Ueber ihr weiteres Schicksal hüllt sich das Dunkel des Vergessens. Jedenfalls hat man von diesen nie mehr Näheres erfahren. Um weitere Fluchtversuche zu verhindern, ließ der kommandierende Offizier die waffenlosen Indianer in Fesseln legen, bis sie den Transportzug erreichten, der sie in die Verbannung und einer düsteren, ungewissen Zukunft entgegenführen sollte.

*

„Die meisten von uns", erzählte Geronimo dem Journalisten, „hatten noch nie eine Eisenbahn gesehen. Bevor man uns in die Güterwagen pferchte, mußten wir noch auf den Bahndamm sitzen. Ein Photograph erschien — damals wußten wir noch nicht, was dieser

Mann mit seinem Apparat und dem schwarzen Tuch beabsichtigte — um ein Bild von uns zu machen. Dann setzte sich der Zug in Bewegung. Wir litten furchtbar unter Durst und Hitze. Dazu gesellte sich die Verwirrung vor dem unbekannten Neuen und Hoffnungslosigkeit über unser Schicksal. Wohl ein jeder von uns mag als er in den ratternden, finsteren und übelriechenden Wagen saß, bedauert haben, daß wir den Kampf aufgegeben hatten. Gewiß, wir wären früher oder später dem Tode verfallen gewesen. Aber was erwartete uns in Florida?"

Auf den Zügen des Journalisten zeigte sich tiefes Mitgefühl, und er versuchte diesem mit einigen gut gemeinten Worten Ausdruck zu geben.

„Aber jetzt ist es ja doch noch gut gekommen, Häuptling. Die Strafe ist nicht allzu hart ausgefallen ... "

Geronimo schnitt ihm mit einer Handbewegung die Rede ab. Gequältes Lachen erschütterte seinen Körper.

„Gewiß, man hat uns nicht getötet. In dieser Beziehung mögt Ihr Recht behalten. Aber wo blieben die Versprechen des Generals? Während acht Jahren hielt man Nachez, die andern Krieger und mich getrennt in Einzelhaft im Fort Pickens. Unsere Frauen und Kinder preßte man in Fort Marion zusammen, wo in den ersten drei Jahren über hundert von ihnen sterben mußten. Erst hier, in Fort Sill, durften wir unsere Angehörigen wieder sehen. Der Krieg ist längst zu Ende, und trotzdem behält man uns immer noch in Gefangenschaft. Goyathlay wird seine Heimat nie mehr sehen!"

„Mut, Häuptling, Mut! Wer weiß, vielleicht hilft meine Geschichte mit, daß man sich Euer erbarmt."

Der Apache schüttelte den Kopf.

„Wir haben längst aufgegeben, den Worten der Weißen Glauben zu schenken. Geronimo wird hier im Fort Sill sterben."

*

Der letzte große Freiheitskämpfer der Apachen erreichte das hohe Alter von achtzig Jahren und starb 1909 als Gefangener auf Fort Sill in Oklahoma. Kurz vor seinem Tode äußerte er noch einmal den Wunsch, in seine Heimat gebracht zu werden. Angeblich aus Sicherheitsgründen weigerte sich die Regierung in Washington, dem an der Schwelle des Grabes stehenden Häuptling diesen letzten Wunsch zu erfüllen.

Sein treuer Kampfgefährte Nachez überlebte ihn noch um zwölf Jahre. Inzwischen hatte der erste Weltkrieg die Völker der Erde erschüttert. Bekanntlich haben auch die Vereinigten Staaten von Nord-Amerika daran teilgenommen. Der Oberkommandierende des europäischen Expeditionskorps hieß General John Pershing. Als junger Leutnant hatte Pershing seinerzeit an den Kämpfen gegen die Apachen teilgenommen und er erinnerte sich gut der wertvollen Dienste, die ihnen die rothäutigen Kundschafter damals leisteten. Als er sein Expeditionskorps zusammenstellte, hob man auf seine Anweisung hin eine Reihe junger Apachenkrieger — die zum Teil schon auf Fort Sill in der Gefangenschaft geboren wurden und, wohlverstanden! wie ihre Väter, ebenfalls Gefangene waren! — für den Kriegsdienst aus. Als Gefangene zogen sie den Waffenrock Uncle Sams an, als Gefangene kämpften sie in Frankreich gegen die Deutschen, wurden zum Teil ausgezeichnet und sogar befördert — und als Gefangene kehrten sie wieder zurück nach Fort Sill!

Aber jetzt regte sich die öffentliche Meinung für die Apachen. Kurz nach Kriegsende brachte man sie endlich zurück in ihre Heimat und so durfte auch Nachez noch einmal die Wälder und Berge, die glitzernden Flüsse und die farbigen Kaktuswüsten sehen, ehe er im Jahre 1921 einging zu seinen Brüdern und Kampfgefährten.

*

Heute herrscht über dem Südwesten Friede. Nur wenige der weißen Siedler mögen sich noch aus eigenem Erleben an die Zeit der Apachenkriege erinnern. Eisenbahnschienen, Teerstraßen und Stacheldraht durchziehen das Land. Jahr für Jahr strömen Tausende von Touristen in das White Mountains Gebiet und schauen sich mit einem angenehmen Schaudern die Nachkommen der einst so gefürchteten Krieger an, die jetzt friedlich und arbeitsam ihr Leben fristen. Tombstone, Santa Fé, Tucson und Phoenix sind große, industriereiche Städte geworden. Das Revolverknallen ist verschwunden und der Cowboy, wo es ihn noch gibt, sitzt lieber im Jeep, als auf dem Pferderücken. Nur an den „Rodeos"[1] wird für wenige Stunden jene glanzvolle Romantik des letzten Jahrhunderts heraufbeschworen, wo der rote Mann verzweifelt und listenreich gegen das kämpfte, was für uns Zeitgenossen Gegenwart geworden ist. Dann steigen auch die Indianer einmal im Jahre von ihren Bergen herunter und begeben sich, mit der Tracht ihrer Vorfahren angetan, etwa nach Gallup, wo sie vor Massen eintrittzahlender Bleichgesichtern ihren berühmten Teufelstanz aufführen.

*

Einst zogen die Apachen als ein starkes Volk aus den eisigen Wüsten des hohen Nordens hinunter in die glutheißen Gebiete des Südwestens. Sie kämpften und jagten, wie es ihre Ahnen nicht anders getan. Pfeil und Bogen waren ihre Waffen, die Grashütte ihre Behausung. Dann strömten die Weißen in ihr Land hinein. Harte Männer, die mit glatten Worten ihre leeren Versprechen gewandt zu verkleiden verstanden. Zu spät griffen die Apachen nach ihren Waffen, um die Bleichgesichter wieder aus dem Lande zu jagen. Während zwei vollen Menschenaltern kämpften sie mit einem unvergleichlichen Mute und einer verbissenen Wildheit für ihre Freiheit, für ihre Jagdgründe und für ihr Recht zu leben.

Im Skeleton Canyon fand dieser Kampf sein unwider-

---

[1] Rodeos = Cowboy- und Indianertreffen.

rufliches Ende. Das tragische Schicksal der Apachen war das Schicksal aller roten Stämme, die sich, einer nach dem andern, der immer übermächtigeren weißen Flut entgegengeworfen hatten, um ihr am Ende doch zu erliegen.

LITERATURVERZEICHNIS

Bourke, J. G.	*The Medicine-Men of the Apache* Washington, 1892
Burbank, E. A. & Royce, E.	*Burbank among the Indians* Caldwell, 1946
Cruse, General T.	*Apache Days and After* Caldwell, 1941
Dale, E. E.	*The Indians of the Southwest* Norman, 1949
Davis, B.	*The Truth about Geronimo* New Haven, 1929
Domenech, E.	*Voyage Pittoresque dans les Grands Deserts du Nouveau Monde* Paris, 1862
Dorsey, G. A.	*Indians of the Southwest* Santa Fé, 1903
Goddard, P. E.	*Indians of the Southwest* New York, 1931
Jackson, H. H.	*A Century of Dishonor* Boston, 1905
Ingstad, H.	*Die letzten Apachen* Berlin, 1940
Kellogg, H. & D.	*Indians of the Southwest* Chicago, 1946
Loockwood, F. C.	*The Apache Indians* New York, 1938 und andere. Ferner Aufzeichnungen, Auszüge, Dokumente u. a. m.

Bei den Bildern der Collection N. H. Rose, San Antonio (USA) handelt es sich mit einer Ausnahme (Cochise) um authentische Aufnahmen aus den Jahren 1884 *bis* 1886.